행복과 성공의
밑거름이 되는 강력한 말
"나는 내가 좋다!"

이 세상에서
가장 중요한 사람은
바로 당신입니다

마이
셀프

행복과 성공의
밑거름이 되는 강력한 말
"나는 내가 좋다!"

I like myself

나는 내가 좋다

Myself

마이
셀프

브라이언 트레이시 지음

조환성 옮김

박 석 감수

BIZ
TALK
BOOK

옮긴이의 말

"정말 고맙습니다! 제 인생의 은인이세요!"
"제가 너무 어려웠을 때 다시 일어설 수 있는 힘을 주셨습니다!"
"덕분에 자신감을 얻어서 홀로 외국에 나가 새로운 도전을 했고 이렇게 자리를 잡았습니다!" 만약 당신이 이런 말을 듣는다면 기분이 어떨까?

얼마 전 브라이언 트레이시 코리아가 주최한 세미나에 한 여성분이 참석했다. 알고 보니 10여 년 전 내가 중국어를 배웠던 선생님이었다. 그분은 학원 강사를 그만 두고 다른 일에 도전하려고 했었는데 무척 떨리고 두려웠었다고 한다. 그러다 브라이언 트레이시의 방한 초청 강연을 담은 이 책의 구판 『해바라기』를 접하게 되었고, 한국에서부터 듣고 또 듣고, 읽고 또 읽기를 몇 번...
그리고 용기를 얻어 중국으로 건너가 그 강연의 듣고 읽기를

4

백일은 한 것 같단다. 결국 중국에서 좋은 직장에 취직해서 수많은 경험을 쌓으며 엄청난 자신의 성장을 경험했고, 배우자까지 만나게 되었다고 한다. 그래서 너무 고마운 마음에 행사장을 찾았던 것이다.

사실 이런 일이 너무나 많다. 그동안 받은 메일만도 수천여 통. 브라이언 트레이시의 강의를 듣고, 책을 읽고 용기를 얻어 스위스에 건너가 사업가로 자리를 잡았는데 너무나 감사한 마음에 브라이언 트레이시 코리아 대표인 나와 브라이언 트레이시를 초대하고 싶다는 인사 등 ….

그래서 더욱 확신이 들었다. 내가 이런 교육과 강연을 우리나라 대한민국에 조금이라도 더 알리고 자주 접할 수 있는 기회를 만드는 것이 곧 애국이며, 봉사라는 생각을 하게 되었다. 오히려 내게 이런 확신을 가질 수 있게 격려와 감사의 메일을 보내주신 분들께 다시 한 번 감사를 드린다. 하지만 정작 브라이언 트레이시에게 최고의 감사 편지를 써야 할 사람은 바로 역자인 나 자신이 아니겠느냐는 생각이 든다

"목표를 글로 적어라! 그러면 이루어 질 것이다!"
독자들은 이런 말이 쉽게 믿겨지는가? 아마도 누가 하느냐에 따라서 가슴에 와 닿는 강도가 다를 것이다. 나는 브라이언 트레이시의 강연과 리더십 세미나, 세일즈 세미나에 참석하면서 그 말을

그대로 믿고 따르게 됐다. 다름 아닌 브라이언 트레이시가 이야기한 것이기 때문이다.

지금도 내 재킷 안주머니에서 지갑을 꺼내면 내 인생의 목표가 세세하게 적혀 있고, 성공적인 삶을 위한 긍정문이 적혀 있어서 아침, 점심, 저녁으로 또 시간이 날 때마다 차 안에서 혼자 이 긍정문과 목표를 소리 내어 읽곤 한다. 내 목표 중에는 당연히 브라이언 트레이시와의 만남도 포함되어 있었다. 결국 어떻게 되었을까?

나는 브라이언 트레이시를 만났을 뿐만 아니라 현재 브라이언 트레이시 코리아의 대표를 맡고 있다. 여기서 중요한 것은 내가 브라이언 트레이시를 찾아간 것이 아니라 브라이언 트레이시 인터내셔널에서 나를 찾아왔다는 사실이다. 바로 브라이언 트레이시가 이야기했듯이 생각하는 것이 자라나서 현실이 된다는 말 그대로…. 이런 모든 꿈만 같은 일들은 브라이언 트레이시의 교육 프로그램과 책을 통해서 학습한 것이며, 그것을 믿고 내 삶에 고스란히 적용했기에 가능했다.

현 시대를 사는 우리들은 넘쳐나는 정보의 홍수 속에서 무엇이 팩트이고 무엇이 허구인지도 구분하기 힘든 상태다. 또한 부의 양극화 속에서 꿈도 의욕도 없이 하루하루를 살아가는 젊은이들도 자주 만나게 된다. 치열한 경쟁과 고용불안 속에 스트레스가 가중되어 때때로 인생을 포기하는 경우마저 접할 때면 무언가 도움이 되고 싶다는 각오를 다지게 된다. 바로 이 책『브라이언 트레이시의 마이셀프』를 새롭게 번역 출판하게 된 계기다.

나를 바로 세우고, 흔들림 없이 성장시켜 준 동기부여의 핵심, 그리고 목표. 이 책에 담긴 브라이언 트레이시의 쉽고 간결하며 강력한 스피치를 통해서 우리가 조금 더 용기를 얻고, 조금 더 행복한 내일을 꿈꿀 수 있으리라 믿는다.

또한 가능하면 영어로 브라이언 트레이시의 간결하며 강력한 스피치를 달달 암기해 보길 권한다. 막힘없이 외워서 브라이언 트레이시처럼 말하는 연습을 하다보면 그 말의 에너지가 내 몸에 근육처럼 자리 잡는 것을 느끼게 될 것이다.

책을 내기까지 많은 도움을 주신 코난미디어 윤병인 이사님, 브라이언 트레이시 코리아의 박석 이사님, 비즈토크북 박명환 대표님과 경은하 편집장님 그리고 내 아내 김미호, 딸 조윤상에게 감사한 마음을 전한다.

옮긴이 조환성

감수자의 말

2013년 9월 24일은 내게 특별한 날이었다. 중국 광저우에서 브라이언 트레이시와 함께 하루 동안 현지 행사에 참여하는 기회를 가졌기 때문이다. 이제 칠순을 넘긴 브라이언 트레이시는 설암 수술과 척추 수술 등으로 건강이 예전 같지는 않은 듯했지만 그런 몸 상태로 중국까지 와서 강연하는 태도와 열정은 나를 부끄럽게 만들었다. 책이나 영상으로만 접하던 주인공과 실제로 만나고 대화를 나눈 것은 나에게 큰 행운이기도 했지만, 나비효과처럼 내 삶에 점점 변화를 불러오는 계기가 되기도 했다.

2007년 브라이언 트레이시가 방한해 펼쳤던 대중 강연에서는 비록 시간이 흘렀음에도 불구하고 여전히 생생한 감동과 힘을 느낄 수 있다. 어쩌면 각박한 이 시대를 살아가며 답답해 하는 우리네 삶에 짧고 간결하지만 강렬한 메시지를 던지고 있는 듯하다.

"이 세상에서 가장 중요한 사람은 바로 당신이다."

이 책을 감수하고 강연 음원을 들으면서 새삼 감동을 많이 받았다. 독자들보다 내가 먼저 복을 받은 것 같다. 습관적인 삶에서 한 발짝 벗어나 제삼자의 입장으로 나를 바라보고 인지하는 기회를 가질 수 있었다. 정말 내가 하고 싶은 것, 가고 싶은 곳, 이루고 싶은 것들을 다시 반추하며 돌아보는 소중한 시간이었다.

우리는 우리의 지각과 상관없이 매일매일 타성에 젖은 채 다른 사람을 위해 살아가며 탈출구를 찾고 있다. '사람은 변화 당하는 것을 거부한다.'는 말처럼 우리는 변화 당하는 것은 원치 않으면서도 변화를 갈망한다.

이 책에서는 브라이언 트레이시가 독자들에게 '어디로 가야 하는지', '어떻게 가야 하는지', '어떻게 갈 수 있는지' 그리고 '당신은 얼마나 소중한 사람인지'를 일깨워 주고 있다. 경험과 깨달음이 오롯이 담겨있는 그의 강연 내용을 통해 독자 여러분들이 원하는 삶으로 한 발짝 내딛기 바란다.

지금 이 시각에도 유럽과 남미를 누비며 강연에 매진하는 브라이언 트레이시를 생각하며...

감수자 박 석

Contents

마이셀프

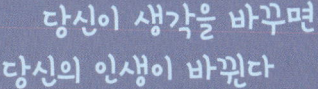 

당신이 생각을 바꾸면
당신의 인생이 바뀐다

CHAPTER 01

"나는 내가 좋다"라고 외쳐라

여러분 안녕하십니까? 정말 반갑습니다. 오늘 세미나에 참석해 주셔서 감사합니다. 우리가 함께하는 이 시간을 제가 꼭 값지게 만들어 드리겠습니다.

여러분 중 소득을 두 배로 올리고 싶은 분들 계신가요? 제가 방법을 알려 드리면 시도해 보시겠습니까? 제가 지금부터 어떻게 소득을 두 배로 만들 수 있는지 알려 드리겠습니다.

소득을 두 배로 늘리고 싶다면 먼저 생각을 바꾸는 것에서부터 시작해야 합니다. 그 시작은 매우 간단합니다. 일단 소득을 두 배로 만들겠다는 결심을 한 후 이를 목표로 설정합니다. 그렇게 하면 그밖에 다른 모든 상황은 바뀌게 되어 있습니다.

여기 좋은 소식이 있습니다. 바로 우리가 인류 역사상 최고의 시기에 살고 있다는 사실입니다. 한국은 전 세계의 모범이 되고 있습니다. 다른 나라들은 한국을 한 국가의 역량이 어디까지인지 보여주는 모델로서 언급하고 있습니다. 저로서도 이렇게 여러분을 만나게 되어 영광이고, 초청해 주신 데 대해 깊이 감사드립니다.

21세기가 시작되면서 많은 것들이 바뀌었습니다. 그 가운데 한 가지 중요한 변화는 육체노동의 시대에서 정신노동의 시대로 접어들었다는 점입니다. 여러분의 성공 여부는 생각을 어떻게 하느냐에 따라 결정될 것입니다. 가장 창의적으로 사고하는 사람들이 미래를 컨트롤하게 됩니다.

"여러분의 성공 여부는 생각을 어떻게 하느냐에 따라 결정될 것입니다. 가장 창의적으로 사고하는 사람들이 미래를 컨트롤하게 됩니다."

여러분은 한국 사회의 상위 10%에 해당하는 사람들입니다. 제가 그걸 어떻게 아느냐고요? 여러분이 이 자리에 오신 것으로 짐작할 수 있죠. 항상 상위 10%에 속하는 사람들이 제 프로그램에 참여합니다. 그리고 멋진 미래를 펼칠 사람들이 이 프로그램에 참가합니다. 제가 20년 이상 여러분 같은 분들을 모시고 이야기해 왔기 때문에 경험으로 알고 있는 사실이고, 그분들은 항상 최고였습니다. 그래서 여러분이 미래를 자신의 것으로 만들겠다는 결심만 하면 그렇게 할 수 있다고 말씀드리는 겁니다.

21세기는 인류 역사상 최고의 시기가 될 것입니다. 한국에서도 과거 어느 때보다 더 많은 기회와 가능성들이 펼쳐질 것입니다. 기원전 2333년으로 거슬러 올라가 '고요한 아침의 나라'가 건국된 시기부터 봐도 지금보다 나은 시기는 없었습니다. 지금보다 더 나은 기회가 있다면 그것은 오늘보다 내일 아니면 모레, 즉 앞으로 남아 있는 인생일 것입니다. 지금은 살아가기에 더없이 좋은 때이고 역사상 최상의 시기입니다.

이 세상에서 가장 중요한 사람은 바로 당신이다

저는 25개 나라에서 강연을 했고, 90개국을 여행했습니다. 한국어는 못 배웠지만 다른 문화들을 이해하고자 다양한 외국어도 배웠습니다. 만학도인 저는 서른이 넘어서 대학에 진학해 경영학 학위를 취득했고, 수천 시간 동안 공부하고 수천 권의 책, 수만 건의 기사도 읽었습니다. 그러면서 왜 어떤 사람들은 다른 사람들보다 더 성공하는지에 관해 몇 가지 결론을 내렸습니다. 이제부터 여러분과 그것에 관한 이야기를 나누고자 합니다.

먼저 여러분께 한 가지 여쭤보겠습니다. 이곳에서 가장 중요한 사람은 누구입니까? 예, 맞습니다.

여러분이 이곳에서 가장 중요한 사람입니다.
이 세상에서 가장 중요한 사람은
바로 여러분 자신입니다.

제가 발견한 이 사실 덕분에 제 삶이 바뀌었습니다. 즉 여러분 스스로 자신이 얼마나 중요하다고 생각하느냐에 따라 자신에게 일어나는 거의 모든 일들이 결정된다는 것입니다.

여러분이 '나는 중요한 사람이다'라고 생각하면 자신을 더 좋아하게 됩니다. 자신을 더 좋아하게 되면 스스로에 대해 더 큰 목표를 설정하게 됩니다. 또 자신을 더 좋아하면 스스로에 대해 더 높은 기준을 세우게 되며 더 오래 계속하게 됩니다. 또 자신을 더 좋아하는 만큼 타인도 더 좋아하게 됩니다. 여러분이 남들을 더 좋아하면 그들도 여러분을 더 좋아하게 되서 함께 일하기를 원합니다. 자기를 더 중요하고 가치 있는 사람이라고 생각하면 할수록 여러분은 더 건강해지고 가족관계도 더 나아지게 됩니다.

우리는 자기 자신을 좋아하는 부모 밑에서 성장한 아이들이 자신을 좋아하게 된다는 사실도 발견했습니다. 자기를 좋아하는 부모는 아이를 자신감 있고, 성공을 위해 그 어떤 어려움도 극복해 나가고자 하는 강한 의지를 가진 사람으로 키웁니다. 여러분들이 배우자나 자녀들을 위해 해 줄 수 있는 최고의 선물은 자기 자신을 좋아하고, 가치 있는 사람이라고 여기는 것입니다.

스스로에게 긍정적으로 이야기하기

자, 여러분 저를 따라하십시오. "나는 내가 좋다."라고 말해 보십시오. 지금부터 어떤 종류든 어려움을 느낄 때마다 "나는 내가 좋다."라고 외치십시오.

저는 어렸을 때 자부심이 별로 없었습니다. 자부심이라는 것은 작은 구멍으로 조금씩 바람이 새어 나가는 타이어와 같습니다. 여러분들이 새로운 비즈니스나 인생을 시작하려 할 때마다 자부심은 펑크 난 타이어가 되어 버립니다. 따라서 계속해서 자부심 타이어에 힘껏 바람을 넣어 줘야 합니다. "나는 내가 좋다." "나는 내가 좋다." "나는 내가 좋다."

이 말을 할 때마다 자부심이 그만큼 올라갑니다. 반대로 여러분이 어려움이나 문제에 당면할 때 자부심은 내려가게 마련입니다. 그럴 때마다 "나는 내가 좋다."라고 다시 바람을 넣어야 합니다. "나는 내가 좋다." "나는 내가 좋다." "나는 내가 좋다."

제가 처음 이렇게 말하기 시작했을 때 저는 하루에 열 번, 스무 번, 쉰 번까지도 내리 반복했습니다. 그럴 필요가 있었다는 거 이해하셨죠? 그렇다면 여러분도 똑같이 해보십시오. 하지만 만원 엘리베이터 안이나 공중 화장실에서는 자제하시길 권합니다. 대신 매번 회의나 미팅 전에 자기 자신에게 긍정적인 말을 건네며 심리적으로 준비한다는 의미에서 "나는 내가 좋다."라고 반복해서 말하십시오.

"나는 내가 좋다."

스스로에게 긍정적인 말을 건네며 심리적으로 준비한다는 의미에서 "나는 내가 좋다."라고 반복해서 말하십시오.

우리는 여러분 감정의 95%가 자기 자신에게 어떻게 말하느냐에 의해 결정된다는 사실을 알게 되었습니다. 자신에게 긍정적으로 이야기하면 긍정적인 감정을 갖게 되며 자신감도 많아지고 자부심도 올라갑니다. 다른 사람들도 여러분을 좋아하고 여러분과 함께 비즈니스를 하고 싶어 합니다.

여러분이 내리는 의사 결정 중 몇 퍼센트가 감정에 근거한 것이고, 몇 퍼센트가 논리적이거나 합리적인 것입니까? 예, 정답은 여러분이 내리는 결정의 100%가 감정을 따른다는 사실입니다. 인간은 원래 감정적입니다. 그래서 우리는 전적으로 감정에 따라 결정을 내리고 이를 논리로 정당화합니다.

여러분이 비즈니스를 할 때 반드시 이것을 기억하십시오. 다른 사람들이 여러분을 어떻게 느끼고 판단하느냐가 그들이 여러분과 무엇을 할지를 결정하는 가장 중요한 기준이 된다는 사실입니다. 여러분의 이미지나 성격 등을 좋아하면 여러분과 관계를 맺고 싶어 할 것입니다. 즉, 여러분이 자기 자신을 향상하면 여러분 인생의 모든 부분이 더 개선될 것입니다.

■ 인간은 감정적인 동물이다

우리들의 생각은 주로 감정에 따라서 결정되며 우리가 하는 모든 행동을 지배하고 통제하는 것 역시 감정이다. 건강, 행복, 인간관계의 질은 물론이고 잠을 잘 자는지, 스트레스를 얼마나 받는지를 결정하는 것도 그 순간에 느끼는 감정이다. 인생을 얼마나 잘 살고 있는지를 판단하는 기준도 그 순간의 감정이다. 따라서 어떤 일을 하든지 자신의 마음속에 최고 수준의 긍정적인 감정을 만들고 유지하는 것을 목표로 삼아야 한다. 핵심적인 성공 요소는 사고방식의 변화에서 시작되기 때문이다.

감정의 법칙   Law of Emotion

감정의 법칙은 '모든 결정과 그에 따른 행동은 100% 감정에 기초한다'는 것이다. 인간은 100% 감정적이다. 우리가 하는 모든 일은 감정에서 비롯된다. 이 말의 핵심은 감정에는 욕구와 두려움이라는 두 종류밖에 없다는 점에 있다. 우리가 어떤 일을 하거나 하지 않는 것은 이 둘 중 하나 때문인데, 그중 우리는 욕구보다는 두려움에 의해 행동이 좌우되는 경우가 많다. 대부분의 사람들은 온갖 종류의 두려움 중에서도 실패와 거절 때문에 움직이지 못한다. 실패하거나 거절당할까봐 자포자기해 버리고 만다.

우리가 어떤 것을 바라고 자꾸 생각하면 그것이 현실화될 가능성은 높아지며 감정이 담기지 않은 생각은 삶에 어떠한 영향도 주지 못한다. 방향을 제시해 주는 생각이 없는 감정은 불만족과 불행만 초래할 뿐이다. 그러나 긍정적이든 부정적이든 주관적인 사고에 따라 생긴 감정이 두려움 또는 강렬한 욕구를 갖게 되면 여러 가지 법칙이 마음을 작동시켜 그것을 현실로 만들게 된다. 그러므로 우리는 원하는 것만 줄곧 생각하고, 두려워하는 것은 되도록 떠올리지 말아야 한다.

성공한 사람은 생각의 중요성을 알기 때문에 늘 긍정적이고 건설적인 생각만 한다. 또한 마음에는 강력한 힘이 존재함을 잊지 말아야 한다. 원하는 방향으로 자신을 계속 이끌 수 있는 마음을 지니려 노력해야 하며 이런 상태가 지속되도록 자신을 빈틈없이 통제해야 한다. 그렇지 않으면 마음은 우리가 원하는 대로 움직이지 않을 것이다.

■ 자기 긍정

일상생활을 하면서 간단한 자기 긍정을 하는 일은 엄청난 힘이 있다. 예를 들어서 "나는 내가 좋다." 혹은 "나는 내 일을 사랑한다."와 같은 긍정적인 말을 스스로 열정적으로 확신을 갖고 하면 할수록 그 말이 점점 잠재의식 속에 깊이 파고들어 간다. 그러면 점점 더 긍정적이 되고, 낙관적이며 삶을 잘 통제하고 있다는 생각이 들고, 자신이 더욱 유능해 보이고 자신감을 갖게 된다. 그 말을 반복하면 할수록 더욱더 그 말이 진실로 느껴진다. 자신이 '최고'라는 믿음을 갖게 되면 우리가 하는 모든 말과 행동도 '최고'라는 말에 일치해 가는 것이다. 내면의 대화, 즉 자기 자신에게 말하는 방법을 통제하는 것이야말로 최고의 성과를 내기 위한 열쇠다. 내면의 대화를 통제함으로써 우리는 마음의 주인이 되어 현재의 모습이 아니라 자신이 바라는 모습에 집중할 수 있게 된다. 또한 여러 가지 어려움과 장애물을 극복하고 항상 긍정적인 생각과 느낌을 가질 수 있다.

꼭 기억해야 할 것은 현재 자신의 모습이 아니라 앞으로 되고 싶은 모습을 자신에게 끊임없이 이야기해야 한다는 점이다. 곧 현재의 진실이 아니라 미래의 진실을 미리 이야기하라는 뜻이다.

ex) 나는 매년 1억을 벌어! / 나는 비흡연자야!
나는 친절하고 현명한 사람이야!

SUCCESS LINE

When you change your thinking you change your life.
당신이 생각을 바꾸면 당신의 인생이 바뀐다.

CHAPTER 02

내 인생의 사장은 바로 나 자신이다

여러분 중에 개인사업자인 분들이 얼마나 계십니까? 예, 사실 여러분은 모두 개인사업자입니다. 모든 사람은 자신을 위해 일하고 있고, 자기 자신을 직원으로 둔 1인 회사의 사장입니다. 여러분은 한 가지 서비스, 즉 자신의 가치를 제공하는 기업의 사장입니다. 여러분이 평생 동안 다른 사람을 위해 일한다고 해도 여러분은 개인사업자에 해당됩니다. 여러분 자신의 개인 서비스를 제공하는 기업의 사장이니까요.

우리 사회에서 상위 3%의 사람들만이 자신을 스스로 개인사업자로 보기 때문에 이것은 중요합니다. 보통 사람들은 자기가 다른 누군가를 위해 일한다고 생각합니다. 하지만 이것은 다른 사람이 자신의 인생을 컨트롤하고 타인이 자신을 대신해 의사 결정을 하고, 보살펴 주고, 사랑해 주고, 안아줄 거라고 믿고 있다는 뜻입니다.

이런 사람들이 성인이 되고 부모님을 떠나 직장 생활을 하게 되면 자신의 상사를 부모님으로 여깁니다. 어린 아이들처럼 보살핌 받길 원하는 것이죠. 그렇지만 사실 여러분은 성인이 되면 자기 인생을 책임지는 사장이 되는 것입니다.

제게 이 마술 펜이 있습니다. 스위스에서 산 것인데, 이것은 제게 특수한 힘을 주는 펜입니다. 이 말을 곧이곧대로 믿진 않으시겠죠? 하지만 이 자리에서 제게 부여된 권한으로 여러분 모두를 사장으로 임명합니다. 여러분은 모두 사장이고 CEO이며 자신의 인생과 회사를 책임지고 있습니다. 축하합니다!

누군가 오늘 어디에 다녀왔냐고 물으면 사장단 회의에 참석했다고 말씀하십시오. 서울 지역 다른 사장들과 내년엔 어떻게 하면 기업의 수익성을 더 높일 수 있을지 논의했다고 하십시오. "난 그런 회의가 있는 줄 몰랐는데."라고 하면 "넌 초청 명단에 없었나 보다."라고 말하세요. "그래서 무슨 얘기를 했는데?"라고 물으면 "글쎄, 대부분 사장들만 아는 얘기야. 일반 직원들은 별로 관심 없을 걸."이라고 하십시오.

오늘 배우자와 같이 오지 않으신 분들은 끝나고 나서 집에 전화해 알려 주십시오. "난 이제 내 회사의 사장이야."라고 말하면 "아니, 또 회사를 관뒀어?"라고 배우자가 소리칠 수도 있습니다.

그렇지만 이제 여러분은 모두 사장님이에요. 그렇죠?

자신의 인생에 대한 책임을 진다

사장이 된다는 것은 여러분이 자신의 인생에 책임을 진다는 의미입니다. 자기 문제에 대해 남의 탓을 하지 않습니다. 변명도 하지 않고 마음에 들지 않는 것에 대해 불평도 하지 않습니다. 뭔가 만족스럽지 않으면 여러분이 사장이니까 직접 그걸 바꾸어야 합니다. 문제가 있다면 몸소 해결합니다. 또 이루고 싶은 목표가 있으면 여러분 스스로 성취해 나가야 합니다.

제가 전 세계를 돌며 발견한 큰 차이점이 있습니다. 여기 계신 여러분과 같은 소수의 분들은 삶에 적극적이고 자신의 목표 달성을 위해 행동을 취합니다. 반면 대다수의 사람들은 소극적이어서 다른 누군가가 나타나 자신의 문제를 해결해 주길 기다립니다. 버스가 다니지 않는 길에 서서 언제까지나 버스를 기다리는 셈입니다. 계속 기다려봤자 버스가 올 리 없지요. 그들은 다른 누군가가 와서 자신의 인생을 개선해 주길 기다리고 있지만 여러분은 그렇지 않을 겁니다. 여기 모인 여러분은 엘리트이며 상위 10%에 속하는 주도적인 사람들입니다. 여러분은 일을 만들어 가는 사람이지, 일이 일어나기를 마냥 기다리지 않습니다.

ENRICHMENT LEARNING

■ 자신을 자신이 경영하는 1인 기업의 사장이라고 생각하라

자신을 자기가 경영하는 1인 기업의 사장이라고 보게 되면 한 인간으로서의 자신이나 본인에게 일어나는 모든 일에 대해서 자연스럽게 책임을 지게 된다. 자신의 마음속에서 자기 자신을 사장으로 임명함으로써 스스로 삶에 대해서 완전한 책임을 지게 되는 것이다. 자기에게 일어나는 모든 일에 대해서 완전하게 책임을 받아들이게 되면, 변명을 하거나 남의 탓을 하지 않게 된다. 우리 자신이 우리 인생의 책임자이고 최종 결정권자다. 모든 분야에서 상위 3%에 해당하는 사람들은 자신이 마치 '그곳의 주인'인 것처럼 행동한다. 자기가 일하고 있는 회사에서 발생하는 모든 일을 그 회사의 주식 전부를 갖고 있는 소유주와 같은 관점으로 본다.

사실 1인 기업의 사장이 되는 것은 누구에게나 필수적이며 자신에게 선택권이 없는 일이다. 우리가 삶에서 저지르는 최대의 실수는 자기 자신을 위해서가 아니라 다른 사람을 위해서 일한다고 생각하는 것이다. 궁극적으로 우리의 급여를 결정하고 지급하는 것은 회사가 아니라 바로 우리 자신이다. 현재 우리가 직면하고 있는 상황에서 마음에 들지 않는 부분이 있다면 그것을 바꾸는 것도 우리 몫이다. 다른 누구도 그것을 수정할 수 없고, 또 그렇게 해 주지도 않는다.

더 많은 돈을 벌고 싶은가? 그렇다면 가까운 거울 앞에 서서 거기에 비치는 자신의 '상사'와 협상하면 된다. 거울이 비추는 사람이 바로 우리가 얼마나 잘 해낼 것인지, 급여를 얼마나 받을지를 결정하는 사람이기 때문이다.

1인 기업의 사장으로서 우리가 개발해야 할 가장 우선적이고 중요한 자아 이미지는 우리 삶에 대한 책임은 우리 자신에게 있고, 우리를 고용한 사람은 다른 누구도 아닌 자기 자신이라는 것이다. 지금부터 자신에게 일어나는 모든 일에 대해서 100% 책임지는 일도, 현재 상황이 마음에 들지 않으면 그것을 어떤 식으로든 변화시키거나 개선하는 일도 자기 몫이 되어야 한다.

자신에 대해서 100% 책임을 받아들이고, 자기를 자신이 소유한 1인 기업의 사장이라고 인식하면 생각과 감정 및 미래의 주인이 될 수 있다. 자신의 삶을 창조하는 주체가 되고, 수동적이 아니라 주도적인 사람이 된다. 주어진 상황의 포로가 되는 것이 아니라 적극적으로 자신이 원하는 상황을 만들어 가게 된다.

SUCCESS LINE

The biggest mistake you can ever make is to think you work for anyone else but yourself.

당신이 저지를 수 있는 가장 큰 실수는 자기 자신이 아닌 다른 누군가를 위해 일한다고 생각하는 것이다.

You are the president of your own personal services corporation.

당신은 자신의 개인 서비스 회사의 사장이다.

CHAPTER 03

내 인생을 바꾼 깨달음을 얻다

저에 대해서 잠깐 이야기해 보겠습니다. 저는 가난한 가정에서 태어났습니다. 집에는 돈도 별로 없었고, 부모님은 일거리가 없었던 적이 많았습니다. 10살 때부터 동네에서 일하기 시작해서 제가 용돈을 벌었고 옷도 직접 사 입었습니다. 10살 이후로는 부모님에게서 한 푼도 받은 적이 없습니다. 저는 제때 고등학교를 졸업하지 못했습니다. 공부는 반에서 중간 정도 했는데, 제 위로 상위 50%가 있었다는 뜻이겠죠?

사람은 누구나 나쁜 예라도 무언가 하나는 잘한다고들 하는

데, 제가 바로 그랬습니다. 학교를 관두고 나서 할 수 있었던 일이 작은 호텔 주방의 설거지 담당이었는데, 얼마 안 되서 일자리를 잃었습니다. 그다음에는 세차 일을 했는데 이것도 오래가지 않았고, 다시 청소 용역 회사에서 바닥 닦는 일을 하게 되었습니다. 그래서 앞으로 뭔가 계속 닦는 일을 하겠구나 싶었습니다. 생활이 나아지기는커녕 점점 형편없어지기만 했습니다.

이렇게 여러 허드렛일을 전전했는데, 젊은 사람이 일자리를 잃었다는 얘기는 결국 해고당했다는 말입니다. 해고를 당하면 또 다른 일자리를 구하곤 했습니다. 집이 없어서 차에서 먹고 잤던 때도 있었습니다. 공장에서 오후 시간에 또는 밤새워 일을 했던 적도 있고 산에 있는 제재소에서 일하기도 했습니다. 공사판에서 막일도 했고, 농장에서 일하기도 하고, 북대서양의 선박에서 일하기도 했습니다. 여러 해 동안 이런저런 노동일을 했습니다.

혹시 이 중에서 몇 분이나 세일즈를 하십니까? 사실 제가 노무직조차 구할 수 없었을 때 하게 된 일이 바로 세일즈였습니다. 그렇기 때문에 저는 그분들을 잘 압니다. 일단 세일즈를 시작하긴 했지만 저는 어떻게 팔아야 할지 전혀 몰랐습니다. 회사에서는 "많은 사람들을 만나서 이야기만 열심히 하면 성공할 수 있습니다."라고 말했을 뿐입니다.

저는 판매가 두렵진 않았습니다. 하지만 사람들을 찾아가 열심히 이야기해도 사주는 사람은 아무도 없었습니다. 그래서 더 많은 사람들을 상대로 얘기해야 했습니다. 하지만 여전히 구매하는 사람은 없었습니다. 여기저기 하루 종일 뛰어다니기 시작했지만 거절만 더 많이 당했습니다. 6개월 동안 이렇게 이곳저곳 돌아다 녔지만 실제로 사는 사람은 별로 없어서 간신히 생계를 유지하는 정도였습니다.

인과의 법칙

그러던 어느 날 저는 제 삶을 바꾼 행동을 하게 되었습니다. 그 결과 오늘 우리가 이 자리에 모이게 된 것입니다.

저는 회사에서 판매 실적 1위였던 분을 찾아갔습니다. 다른 직원들보다 판매 실적이 10배나 높은 사람이었습니다. 저는 그분에게 찾아가 물었습니다. "도대체 제가 일하는 것과 뭐가 다른 거죠?" 그분은 이렇게 말했습니다. "글쎄. 도움이 될런지는 모르겠지만, 자네가 하는 세일즈 프레젠테이션을 보여주겠나?" 저는 다시 물었습니다. "세일즈 프레젠테이션이 뭔가요?" 그랬더니 그분이 대답했습니다. "제품을 논리적으로 정리해서 판매하는 방식이지."

그러니까 논리적으로 정리된 판매 방식이
있단 말인가요?

그분은 "그렇지."라고 대답하면서 논리적으로 정리된 판매법을 시범으로 보여주었습니다. 이 방법에 관해서는 잠시 후에 설명하겠습니다.

이렇게 되서 마침내 저도 논리적으로 판매하기 시작했습니다. 전화를 거는 것과 아주 비슷한 겁니다. 제가 여러분께 전화하겠다고 하면서 전화번호를 물으면 여러분은 번호를 알려줄 겁니다. 그러면 저는 호텔에서 제공한 이 전화기를 꺼내게 됩니다. 어쨌든 제가 여러분 번호를 알면 그 번호를 누르고 전화를 겁니다. 그러고 나서 여러분의 전화기가 울리고 전화를 받게 되겠죠. 제가 여러분 번호를 다른 사람에게 알려주면, 그 사람도 전화를 걸 수 있습니다. 정확한 번호만 있으면 누구나 원하는 사람에게 연락할 수 있습니다.

하지만 제가 만약 여러분께 "이번 주말에 전화할게요."라고 하고 여러분이 그러라고 했는데, 제가 번호도 묻지 않고 그냥 가버린다면? 아마 여러분은 "제 번호 아세요?"라고 묻겠지요. 그런데 제가 "괜찮아요, 번호를 여러 개 누르다 보면 아마 알아낼 수 있을 겁니다."라고 한다면 어떻게 될까요? 그런 후 아무 번호나 눌러 전화를 겁니다. "아무개 씨? 아니라고요?" 그러면 다시 다른 번호를 아무거나 눌러 봅니다.

이런 식으로 무작위로 번호를 눌러서 정확히 알아내 통화하려면 얼마나 시간이 걸리겠습니까? 어쩌면 한평생이 걸릴 수도 있고, 아니면 끝까지 못할 수도 있습니다. 그렇지만 전화번호의 숫자들을 순서대로 제대로 알고 있다면 당장 연결할 수 있습니다. 여러분들이 세일즈뿐만 아니라 그 어떤 것이라도 제대로 된 순서대로 실행한다면 그냥 무작정 할 때보다 훨씬 더 나은 결과를 얻을 수 있습니다.

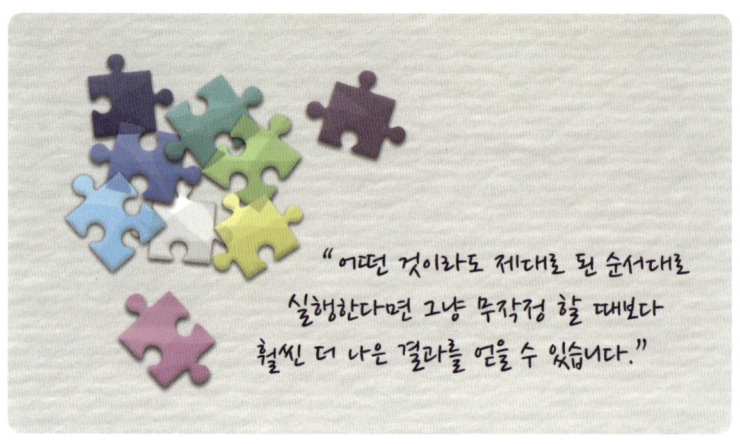

"어떤 것이라도 제대로 된 순서대로 실행한다면 그냥 무작정 할 때보다 훨씬 더 나은 결과를 얻을 수 있습니다."

결국 그 실적 높은 세일즈맨이 저에게 체계적인 판매 방법을 알려줬던 것입니다. 제가 논리적인 순서대로 판매하기 시작하자 매출이 늘어났습니다. 그리고 판매 관련 서적을 읽기 시작했더니 매출이 더 올랐습니다. 판매 관련 오디오 프로그램도 듣기 시작했는데 역시 매출이 늘었습니다. 오늘 이 자리와 같은 비즈니스 강연회에도 참석하기 시작했는데, 아직도 첫 세미나가 기억납니다. 그전에는 한 번도 가본 적이 없었지만 앉아서 펜을 들고 메모를 했고, 배운 것들을 바로 실천했습니다. 그러자 매출이 점점 더 많이 늘어나기 시작했습니다.

얼마 지나지 않아 저는 회사에서 최고의 판매 실적을 올리게 되었습니다. 제가 자문을 구했던 그분도 결국 제 밑에서 일하게 됐고, 1년 만에 모든 영업사원들을 관리하게 됐습니다. 2년 후에는 6개국의 판매를 총괄하게 되었고, 95명의 부하 영업사원들을 담당하게 되었습니다. 드라마처럼 제 인생이 완전히 바뀐 겁니다.

제가 배운 것은 바로 이것입니다. 인간 철학에서 가장 근본적인 법칙이자 인류 역사상 가장 오래된 철칙인 인과의 법칙입니다. 이 법칙에 따르면 모든 것은 이유가 있기 때문에 발생한다고 합니다. 성공은 우연이 아니며 실패 역시 우연히 일어나지 않는다는 것이지요.

얼마 후 저는 다른 사람들보다 소득이 10배나 많았던 그분이 몇 년 전에 다른 대기업에서 일했던 적이 있고, 그 회사에서 1년 동안 '전략적 세일즈' 교육을 받았다는 사실을 알게 되었습니다. 그 결과 그분은 어느 나라의 어떤 회사, 어떤 제품인지에 관계없이 무엇이든 판매할 수 있었던 것입니다. 판매에 대한 〈공식〉, 〈비결〉, 〈시스템〉을 제대로 이해하고 있었던 것이지요. 그분에게 〈비결〉

을 배우고 나서는 저도 어디서든 제가 원하는 만큼 팔 수 있었습니다. 그리고 그것을 다른 사람들과 공유한 후로는 그들도 원하는 만큼 실적을 올렸습니다.

인과의 법칙 Law of Cause and Effect

우리가 살아가고 있는 우주는 우연이 아닌 법칙에 의해서 지배되고 있다. 이 법칙에 의하면 이 세상에서 일어나는 모든 일은 반드시 원인이 있으므로 발생한다. 또한 우리가 원하는 결과 즉 부, 건강, 행복, 판매 성공 등을 명확하게 정의하고 그러한 결과를 가져오는 원인이 되는 행동을 파악해 찾아낸 후, 그와 동일한 행동을 실행에 옮기기만 한다면 같은 결과를 얻을 수 있다.

만일 당신이나 다른 어느 누구라도, 판매에 성공하고 싶다면 다른 성공한 세일즈맨이 어떤 행동을 하고 있는지를 관찰한 다음에 그와 똑같이 실천하면 당신도 동일한 결과를 얻을 수 있다는 사실이다. 목표는 생각이나 원인으로 시작되어 조건이나 결과로 나타난다.

■ 인과의 법칙을 삶에 적용해 보는 연습문제

1. 나의 성공의 예를 한 가지 적어 본다. 정신적이나 물질적인 측면에서 그 성공의 구체적인 원인은 무엇이었는가?

_____

_____

_____

2. 내 인생에서 실패한 분야나 문제가 있는 분야를 적어 본다. 정신
   적이나 물질적인 측면에서 그 실패나 문제의 원인은 무엇이었
   는가?

   _____

   _____

   _____

3. 자신이나 다른 사람의 삶을 살펴본 후 재정부분, 사업 분야, 건
   강, 인간관계, 가족관계 등 어느 분야에서 이 법칙이 작용하고
   있는지 적어 보자.

   _____

   _____

   _____

SUCCESS LINE

Thoughts are causes and conditions are effects.
생각은 원인이고 상황은 결과이다.

CHAPTER 04

나보다 더 나은 사람은 없다

요즘 여러 국가를 방문하다 보면 과거에 일했었던 곳도 있어서 그런지 종종 제가 모집했던 판매원들과 다시 만나게 됩니다. 대부분이 자기 사업을 하고 있고, 이미 백만장자가 되어 다양한 부동산과 넉넉한 은행잔고를 소유하고 있습니다. 이들은 제가 거리에서 뽑았던 당시에는 분명히 돈도 직업도 없고 판매 기술도 몰랐던 사람들이었습니다. 제가 가르쳐 준 판매 방법을 충실히 이행한 사람들은 이렇게 세계 어디를 가도 다들 부자가 되어 있습니다.

작년에 저는 몇 년 전 제 밑에서 일했던 사람과 얘기를 나누게 되었는데, 이제는 그분 재산이 2천 5백만 달러라고 합니다. 그분이 처음 제게 왔을 때 가진 것이라고는 낡은 옷뿐이었고, 돈도 한 푼 없어서 2, 3일 먹지도 못한 상태였습니다. 저는 그분을 데려가서 음식과 새 옷도 주고 판매 방식을 가르쳤습니다. 지금 그분은 영향력 있는 거부가 되어 있고 많은 기업을 소유하고 있습니다. 제가 "인생에서 이렇게 많은 것을 이루어 내다니 정말 자랑스럽습니다."라고 했더니 그분은 저에게 이렇게 말했습니다. "네, 하지만 전 아직도 예전에 처음 시작했을 때 선생님이 가르쳐 주었던 판매 기법을 기억하는 걸요."

내가 성공하지 못할 이유는 없다

이런 일이 가능할까요? 제게 여러분을 위한 소식이 있습니다. 여러분보다 더 나은 사람도 더 똑똑한 사람도 없다는 사실입니다. 그 누구도 여러분보다 더 낫거나 똑똑하지 않습니다. 성인이 된 이후의 삶에서 심각한 문제가 바로 이겁니다. 성장하면서 여러분은 다른 이들과 자신을 비교하게 됩니다. 다른 사람보다 성적이 좋지 않을 수 있습니다. 열심히 공부해 보지만 그래도 여전히 낮은 성적을 받습니다. 학창시절 제 성적도 엉망이었습니다.

사실 여러분들 중에도 학창시절 성적이 좋지 않았던 분이 있을 겁니다. 그렇죠? 제가 여러분들을 잘 압니다. 바로 옆자리에 앉아 있는 분이 성적이 좋지 않았던 분일 수도 있습니다.

그런데 누군가 자기보다 성적이 높으면 "이 사람은 나보다 더 똑똑해."라고 생각하는 일이 벌어집니다. 다른 사람이 더 똑똑하니까 나는 더 멍청하다고 여기게 됩니다. 그러면 이런 생각을 합니다. "내가 왜 노력해야 돼? 저 사람이 더 똑똑하고 나는 멍청한데."

그리고 그다음 단계로 넘어갑니다. "음, 저 사람은 더 똑똑하니까 아마 나보다 모든 면에서 낫겠지. 나보다 더 나은 사람이니까 나는 그보다 못한 사람이군." 그러고는 이렇게 생각합니다. "저 사람의 가치가 더 높구나. 나는 별 가치 없는 사람이야."

이게 바로 우리가 가진 커다란 문제입니다. 항상 자신을 다른 사람들보다 못하다고 생각한다는 거죠. 제 인생을 바꾼 깨달음은 바로 그 누구도 나보다 더 똑똑하거나 더 나은 사람은 없다는 사실입니다.

사람들은 서로 다른 방식으로 영리합니다.
재능과 능력이 서로 다른 겁니다.

학창시절 저희 반에는 전 과목에서 최고 성적만 받는 친구가 있었습니다. 여러 명문대에서 장학금 제의를 받았습니다. 그는 친절하긴 했지만 아르바이트를 한 경험은 없었습니다. 언제나 최고 성적만을 받았고, 시험에서 99점이라도 받으면 자기 자신에게 엄청난 화를 냈습니다. 항상 만점만 받았으니까요.

그런데 지금은 이 친구가 작은 마을에서 자그마한 중고차 판매상을 합니다. 지난 20년 동안 이렇게 중고차를 판매했다고 합니다. 저요? 고등학교조차 제대로 졸업하지 못했지만 지금은 제가 그 우등생보다 더 잘삽니다. 여기에 제가 말하고자 하는 핵심이 있습니다. 그 누구도 여러분보다 더 낫거나 똑똑한 사람은 없다는 점입니다. 그 우등생은 단지 효과적인 공부 방법을 깨달았던 것뿐입니다.

공부도 하나의 기술입니다. 공부 방법에 대한 강좌도 있습니다. 여러분도 이 과목을 수강하면 그다음부터는 계속 'A'만 받을 겁니다. 공부 기술에 대한 과정을 듣지 못했다면 아마 학교 다닐 때 나쁜 점수를 받았을 겁니다. 그런데 이삼십 년이 지난 지금까지도 여러분은 "난 학창시절 성적이 안 좋았으니까 똑똑한 사람은 아니야."라고 생각합니다. 이렇게 여기게 되면 여러분은 스스로 브레이크 위에 발을 올리고서 앞으로 나가지 못하게 자신을 막고 있는 셈입니다.

원대한 목표 대신 작은 목표를 세웁니다. 또한 지속하지 못하고 쉽게 그만둡니다. 크게 성공하고자 하지 않고 어째서 성공할 수 없는지에 대한 변명거리와 이유만 찾습니다.

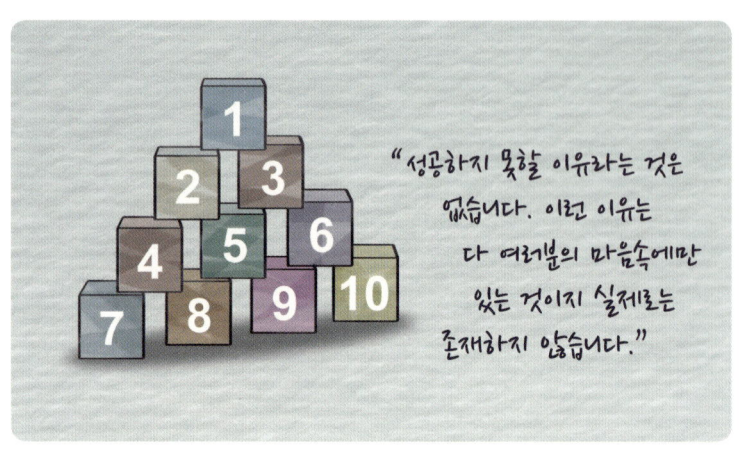

"성공하지 못할 이유라는 것은 없습니다. 이런 이유는 다 여러분의 마음속에만 있는 것이지 실제로는 존재하지 않습니다."

"나는 너무 어려서." "나는 너무 늙어서." "대학도 못 다녔는데." "집이 부자가 아니어서." "난 얼굴이 못생겨서." "난 안 예뻐서." 등등 변명에 급급합니다. 끊임없이 스스로 발목 잡는 이유들을 생각해 냅니다. 하지만 성공하지 못할 이유라는 것은 없습니다. 자신 있게 말씀드리지만 이런 이유는 다 여러분의 마음속에만 있는 것이지 실제로는 존재하지 않습니다.

■ 자부심을 만드는 6가지 요소

1. 생활의 모든 면에서 명확한 목표를 설정한다.

   자부심이란 중요한 것을 이루기 위해 한걸음씩 나아가고 있다고 느낄 때 맛보는 감정이다. 따라서 생활의 모든 면에서 확실한 목표를 갖고, 그것을 달성하기 위해 매진하는 것이 중요하다.

2. 관계된 것에 확실한 기준과 가치를 정한다.

   자신감과 자부심의 근원은 무엇을 지지하는지, 무엇을 하고 싶지 않은지 분명한 생각을 갖는 것이다. 목적과 가치가 상반되는 것이 아니라, 완전히 일치하고 조화를 이룰 때 자부심을 유지할 수 있다. 목표와 가치를 조화시키면 에너지가 생기고 마음이 평온해짐을 느낄 수 있다. 정말로 즐겁게 할 수 있는 일, 기본적인 가치와 일치하는 일을 시작하면 진정한 진보를 이룰 수 있다. 또한 일 속에서 커다란 만족감도 얻을 수 있다.

3. 성공체험이 필요하다.

   성공의 성취도와 목표 달성 측정기준을 확실히 정하지 않으면 승자의 기분을 맛볼 수 없다. 하위 단계의 목표가 처음으로 달성되면 뿌듯한 감정과 함께 승자가 된 것처럼 느껴질 것이다. 연이

어 그 다음 목표에 도달할 때마다 당신의 자신감과 자부심은 높아지고 실행 능력이 향상된다.

4. 타인과의 비교를 통해 자신감을 쌓는다.

성공한 사람은 다른 성공자와 자신을 비교하며 더욱 성과를 높이려 한다. 그들은 다른 성공자가 쓴 글을 읽고, 그들의 실적을 연구해 조금씩 넘어서려고 노력한다. 최종적으로 그들은 자신의 유일한 경쟁 상대는 자기 자신과 자신이 쌓은 과거의 업적이라는 점을 깨닫는다.

5. 존경하는 사람들에게 성과를 인정받는다.

상사, 동료, 배우자, 사회적 친분 관계가 있는 사람 등 평소 가깝고 존경하는 사람들에게 칭찬과 인정을 받으면 기분이 좋아진다. 평상시 공경했던 사람으로부터 성과를 인정받고 칭찬받을 때마다 자부심은 높아지고 긍지와 행복을 느끼게 될 것이다. 그리고 더욱 높은 성취를 이루고 싶다는 의욕이 생겨날 것이다.

6. 성취에 따른 적절한 보수를 받는다.

유형이든 무형이든 자부심을 높이고 유지하기 위해 꼭 필요한 보수가 현실에서 주어지지 않을 때는 그것을 받을 수 있도록 인생을 바꿔 나가야 한다. 이때 자신의 크고 작은 업적에 스스로 포상을 주는 것도 좋은 방법이다. 이렇게 하면 좀 더 적극적인 성격으로 변하고 활력이 넘쳐 점점 목표에 다가설 수 있다.

SUCCESS LINE

Nobody is smarter than you,
nobody is better than you.

당신보다 똑똑한 사람도 없고,
당신보다 더 나은 사람도 없다.

Allow yourself to dream big dreams.

큰 꿈을 꾸십시오.

There are no limits except the limits
you place on your own imagination.

당신이 스스로 상상한 한계를 제외하고는 한계란 없다.

CHAPTER 05

내가 취할 행동이 가장 중요하다

다양한 경험과 여러 곳을 여행하면서 '인과의 법칙'을 알게 되었다고 했죠? 저는 이 법칙을 제가 했던 모든 비즈니스에 적용했습니다.

먼저 "이 비즈니스에서는 어떻게 성공할 수 있을까?"라고 스스로 질문을 던지고 바로 그 비즈니스에서 정상에 있는 사람들을 찾아가서 자문을 구했습니다. "이 비즈니스에서 어떻게 성공하셨습니까?"라고 질문한 후, 그들의 이야기를 경청하고 그대로 실행해서 성공을 거뒀습니다. 또한 도서관에 가서 부동산, 수출입, 유통, 경영, 세일즈, 판매 관리, 사업 구축, 기업가 정신 등에 대한 책을 전부 빌려서 읽고 또 읽은 후 배운 내용을 그대로 실천했습니다.

제가 조금 전에 이곳에서 가장 중요한 사람이 누구냐고 물었을 때 여러분이 '나 자신'이라고 답하셨죠? 정답입니다. 그러면 오늘 우리가 함께한 시간 중에서 가장 중요한 부분은 무엇일까요? 바로 나중에 여러분이 하게 될 행동입니다.

여러분이 배운 것 중 가장 중요한 것은 배운 내용이 아니라 여러분이 실제로 취할 행동들입니다.

성공한 사람들은 모두 실천 지향적입니다. 항상 새로운 아이디어를 실천해 나갑니다. 새로운 아이디어를 행동에 옮길 경우 결과는 두 가지뿐입니다. 무엇일까요? 예, 성공하거나 아니면 실패하는 것입니다. 성공하면 실천한 바를 계속하면 되고, 실패하면 그렇게 하면 안 된다는 점을 익혀 나가면서 다음번에 성공할 수 있도록 더 똑똑해지면 됩니다.

따라서 행동으로 인해 잃을 것은 아무것도 없습니다. 행동하지 않는 경우의 손해만 커지는 것입니다. 그런데 대다수의 사람들은 실패에 대한 두려움 때문에 실천을 하지 않습니다. 대부분의 사람들은 좋은 아이디어를 듣긴 하지만 당장 실천하지 않는 것에 대해 항상 자기변명을 늘어놓습니다.

몇 년 전에 저는 암웨이^{Amway} 창업자 리치 디보스^{Rich DeVos}를 만난 적이 있습니다. 우리는 성공에 관한 이야기를 나눴는데 그 당시 이렇게 말했습니다. "우리 비즈니스에서는 새로운 아이디어를 얼마나 신속하게 실천하느냐가 그 사람이 성공할 가능성이 얼마나 되는지와 직접적인 연관이 있다는 것을 알아냈습니다."

우리가 발견한 바에 따르면 새로운 아이디어를 듣고 24시간 안에 행동에 옮기는 사람은 다른 아이디어들도 계속 실천할 사람입니다. 하지만 새로운 아이디어를 듣고도 며칠 동안 아무런 행동을 취하지 않는 사람에게는 어떤 일도 일어나지 않습니다. 리치 디보스는 제게 '실천 지향성'이 핵심이라고 말했습니다.

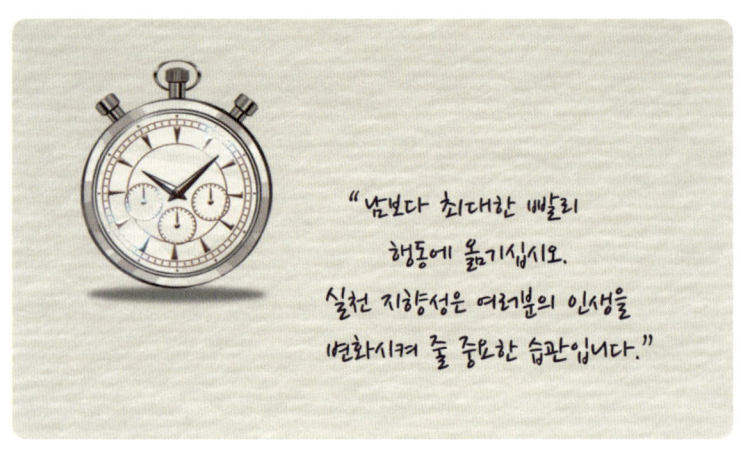

"남보다 최대한 빨리
행동에 옮기십시오.
실천 지향성은 여러분의 인생을
변화시켜 줄 중요한 습관입니다."

인생이 점점 나아지는 성공한 사람들과 삶이 정체되어 버린 실패한 사람들에 대한 훌륭한 연구가 지난 50년 동안 진행되었습니다. 연구 결과 성공한 사람들에게는 공통점이 있었습니다. 그들은 항상 실천하고 늘 무언가를 더 하려고 노력했습니다.

여러분도 오늘 무언가 좋은 내용을 들으셨다면 바로 실천하십시오. 남보다 최대한 빨리 행동에 옮기십시오. 그러면 습관이 될 수 있습니다. 여러분이 '실천 지향적'인 습관을 가진다면 아마 그렇지 못한 사람들이 10~20년 걸려야 이룰 것을 2~3년 안에 성취할 수 있을 겁니다. 실천 지향성은 여러분의 인생을 변화시켜 줄 중요한 습관입니다.

생각한 대로 이루어진다

제가 '인과의 법칙'을 통해 배운 점은 이겁니다. 생각이 원인이고 여러분 인생의 상황은 결과라는 사실입니다. 생각은 원인이고 상황이 결과입니다.

> 여러분의 생각이 여러분의 삶을 형성합니다.

바로 이것이 인류 역사상 가장 위대한 발견입니다. 모든 종교, 철학, 심리학에서 가장 위대한 사상은 사람의 생각이 그 사람의 인생을 만들고, 생각을 바꾸면 자신의 인생도 달라질 수 있다는 것입니다. 여러분의 인생은 언제나 여러분이 생각하는 방향으로 향해 가기 때문입니다. 성공의 위대한 법칙을 알려 드리겠습니다. 여러분은 바로 여러분이 대부분의 시간 동안 생각하는 대로 됩니다. 여러분은 자신이 대개의 시간 동안 생각하는 그대로의 사람이 됩니다.

제가 드릴 질문은 "깨어있는 시간의 대부분 동안 무슨 생각을 하십니까?" 입니다. 생활하면서 주로 어떤 생각을 하십니까? 이 법칙이 맞기는 하지만 100% 맞는 것은 아닙니다. 만약 100% 맞는다면 남자아이들은 스무 살엔 거의 여자로 바뀌었겠죠?

여러분, 지난 25년 동안 많은 대기업들이 수백만 달러를 들여서 이 질문에 대한 답을 찾고자 노력했습니다. 수년 전 대기업들이 함께 2천만 달러가 넘는 비용을 들여 정상에 있는 세일즈맨, 기업가들은 어떤 생각을 하는지 알아내고자 했습니다. 왜냐하면 세일즈맨이나 기업인들을 고용할 때 정상에 있는 사람들의 프로파일을 통해 그와 비슷한 사람을 채용하길 원했기 때문입니다.

그래서 여러분과 같은 사람들을 35만 명이나 인터뷰했습니다. 매주 인터뷰를 실시해서 6개월, 12개월, 18개월, 24개월 동안 진행했습니다. 매주 한 번씩 전화해서 현재 무슨 생각을 하고 있는지 묻고, 대답을 하면 이를 메모해 두고 다시 1주일 후에 전화해서 똑같은 질문을 던졌습니다. 이 방식으로 수개월 간 진행했습니다.

그러자 점차적으로 프로파일이 잡히기 시작했습니다. 그리고 조사 대상자들을 각 10% 단위로 나눴습니다. 제일 아래 10%부터 그다음 10%, 또 최상위 10%까지 나눴습니다. 여러분은 앞에서 말했듯이 최상위 10%에 속합니다. 그러고 나서 최상위 10%에 속하는 사람들이 대개의 시간 동안 하는 생각들을 살펴보았습니다.

가장 행복하고 돈도 많이 벌고 성공한 상위 그룹 사람들은 대부분의 시간에 무슨 생각을 하는지 한 번 짐작해 보십시오. 여러분이 맞춰 보세요.

예, 이 사람들은 자신이 무엇을 원하고 어떻게 하면 그것을 얻을 수 있는지에 관해 주로 생각했다고 합니다.

너무 간단하다고요? 아닙니다. 이것이 바로 성공의 열쇠입니다.

성공한 사람들은 자신이 원하는 것과 그것을 얻을 수 있는 방법에 대해 생각합니다. 돈을 더 많이 벌어서 소득을 두 배로 올리는 방법을 생각할 수도 있고, 건강이나 가족에 관해 생각하기도 하고, 집이든 차든 대부분의 시간에 본인이 원하는 것이 무엇이고 어떻게 얻을 수 있는지를 생각합니다.

■ 실패를 두려워하는 마음

실패를 두려워하는 마음은 성공을 가로막는 가장 커다란 장애물이
다. 이런 두려움은 위험하다고 생각되는 일이나 돈, 시간, 감정을
빼앗길 것 같다고 느낄 때마다 내부에서 솟아난다. 실패와 억제에
뒤따르는 두려움은 다음의 3가지 방식으로 학습된다.

1. 특정 사건이 파괴적 비판이나 신체적 처벌과 반복적으로 결합
   예를 들어 피아노를 만질 때마다 매를 맞았다면 아이는 결국 피
   아노를 친다는 생각만 해도 두려움을 느끼게 된다.

2. 포착하기 어려운 미세한 부정적인 영향
   예를 들어 처음 시도한 일에서 매번 나쁜 결과가 나오면 자신이 그
   일에 소질이 없다고 쉽게 단정 짓는다. 이때는 계속해서 '내게 아
   주 잘 해낼 수 있는 능력이 있다면?'이라는 질문을 던져야 한다.

3. 한 가지 충격적인 사건의 결과
   어릴 때 물에 빠져서 죽을 뻔 했다든지 높은 데서 떨어졌다든지
   하는 단 한 번의 무서운 경험은 평생에 걸쳐 비합리적인 두려움
   을 낳는다.

두려움의 습성은 모든 것에 영향을 미치며 우리 인생을 통제하지만 사람들은 거의 의식하지 못하는 경우가 많다.

이것이 인생과 행동에 미치는 영향을 스스로 이해하고, 그것을 최소화하는 방법을 익히는 것은 성공과 행복을 이루는 데에 필수적인 요소이다.

마음 동등의 법칙 Law of Mental Equivalency

이 법칙은 '생각은 스스로를 객관화한다'는 것이다. 생각에 감정을 담아서 분명하게 상상하고 반복하면 그것은 현실이 된다. 삶 속에 있는 거의 모든 것은 좋든 나쁘든 우리 생각으로 만들어졌다. 그리고 생각에는 생명력이 있다.

처음에는 우리가 생각을 지배하지만 나중에는 생각이 우리를 지배한다. 인간은 생각하는 것과 행동을 일치시키려는 경향이 있다. 결국 생각하는 대로 되기 때문에 생각을 바꾸면 인생이 변화하기 시작한다.

삶의 주요 영역에서 긍정적이고 자신감 있는 태도로 생각하면 우리에게 생기는 일을 스스로 통제할 수 있다. 우리는 인과관계로 삶을 조화롭게 만들 수 있다. 우리가 할 일은 현실세계에서 이루고자 하는 것과 마음을 일치시키는 것뿐이다. 그 밖의 모든 것은 노력 여하에 따라 저절로 이루어진다.

SUCCESS LINE

Your entire life is made up by the results of
your choices and decisions in this moment.

당신의 전 생애는 지금 이 순간
당신의 선택과 결정의 결과로 인해 형성된 것이다.

As long as you have lots of time
you can do almost anyting.

당신에게 시간이 충분하다면
당신은 거의 무엇이든 할 수 있다.

The only real antidote to worry is
taking action toward a goal.

걱정에 대한 유일한 진짜 해독제는
목표를 향해 행동을 취하는 것이다.

CHAPTER 06

항상 "어떻게"라고 자문하라

제가 여러분께 단어 하나를 알려드리겠습니다. 이미 아는 것이지만 성공을 위해서 가장 중요한 단어입니다. 준비되셨나요? 그것은 바로 '어떻게'입니다.

이제부터는 여러분에게 어떤 목표가 있다면 유일하게 질문해야 할 것이 바로 '어떻게'입니다. 문제가 있을 때에도 물어볼 것은 딱 한 가지 "어떻게 문제를 해결할 수 있을까?"입니다. 소득을 두 배로 올리고 싶은 분들도 "어떻게 하면 소득을 두 배로 늘릴 수 있을까?"만 질문하십시오. 저를 따라 말해 보세요. 다시 한 번 해 보세요. "어떻게?" 잘 하셨습니다.

"어떻게?" 라고 질문하세요.

지금부터는 여러분의 인생에서 바꾸고 싶은 그 무엇인가가 있다면 '어떻게'라는 한 가지만 자문해 보면 됩니다. 왜냐하면 '어떻게'라는 것이 상위 10%의 사람들이 생각하는 핵심이고, 스스로 책임질 줄 아는 사람들이 하는 질문이기 때문입니다. '어떻게'라는 것은 실천 지향적인 사람들이 던지는 질문이기도 합니다. '어떻게'를 생각하는 사람은 우리 사회에서 상위층에 속하는 사람이고, 다른 모든 이들은 항상 '어떻게'를 생각하는 사람들을 위해 그 밑에서 일합니다.

좋은 소식이 하나 더 있습니다. 여러분이 가질 수 있는 모든 목표는 이미 다른 누군가가 성취한 적이 있었고, 여러분이 지닌 어떤 문제도 이미 누군가가 해결한 적이 있다는 점입니다. 여러분이 가진 모든 질문 역시 이미 누군가가 답을 찾았던 물음일 겁니다. 여러분은 단지 "어떻게?"만 질문하면 됩니다. "다른 사람들은 어떻게 했을까?"를 물으면 됩니다.

"성공은 자취를 남긴다."라는 성공의 법칙도 있습니다. 즉, 모든 종류의 성공은 자취를 남기기 마련이므로 여러분은 그 성공의 궤적을 찾아 그대로 따라하면 됩니다. 소득을 두 배로 올리는 것이든 멋진 인생을 사는 것이든 이미 모든 답은 나와 있습니다. 그 누구도 여러분보다 더 낫거나 똑똑한 사람은 없습니다. 현재 누군가가 여러분보다 더 잘 해나가고 있다면 그 이유는 간단합니다. 여러분보다 먼저 '어떻게'에 대한 답을 찾아냈기 때문입니다. 단지 그뿐입니다.

"여러분이 가진 모든 질문은 이미 누군가가 답을 찾았던 물음일 겁니다. 여러분은 단지 '다른 사람들은 어떻게 했을까?'를 질문하면 됩니다."

다른 사람이 한 일은 당신도 할 수 있다

또 한 가지 발견한 사실이 있습니다. 다른 사람이 해낸 일이라면 여러분도 할 수 있다는 것입니다. 그들이 성공했다면 여러분도 할 수 있음을 의미합니다. 올림픽 출전 선수가 되겠다는 것도 아니고, 노벨 물리학상을 받겠다는 것도 아닙니다. 단지 인생에서 큰 성공을 거두는 것에 대해 얘기하고 있는 겁니다. 수십만 아니 수백만 명의 사람들이 초라하게 시작했지만 이미 성공을 이루어냈다면 결국 여러분들도 할 수 있다는 뜻입니다. 그저 계속해서 '어떻게'를 질문하면 됩니다.

아까 말씀드린 인터뷰 결과를 보면 정상에 선 사람들에게는 한 가지 공통된 자질이 있었습니다. 이 자질 덕분에 한국이 현재 선진국이 되었다고도 생각합니다. 단지 규모가 커져서가 아니라 바로 여러 가지 성취 덕분이었습니다.

불과 50년 전 아니 20년 전만 하더라도 한국은 지금과는 매우 달랐습니다. 지금은 한국이 세계에서 가장 존경받는 국가 중 하나이고, 조만간 신임 감독이 잘 이끈다면 한국 축구대표팀도 세계에서 가장 존경받는 팀이 될 수 있습니다. 그렇죠?

거스 히딩크 Guus Hiddink 감독만큼만 모두를 잘 협력하게 할 수 있다면 세계 1위는 아니더라도 분명 최고에 속하는 팀이 될 것입니다. 분명히 그렇게 될 수 있습니다.

히딩크 감독은 딱 한 가지, 즉 '어떻게'라는 질문만 가졌던 것입니다. "어떻게 세계 일류 축구팀으로 만들 수 있을까?"만을 고민했습니다. 그렇게 생각하시죠?

ENRICHMENT LEARNING

■ 유연한 사고방식

남보다 뛰어난 사람은 사고가 유연하다는 특성이 있다. 실천 가능한 모든 해결책을 검토해 보는 행동은 상황을 좀 더 넓은 시각에서 바라볼 수 있게 해준다. 유연한 사고는 결점을 찾기보다 자신의 견해나 새로운 방법에서 무언가 유익한 것을 찾아낼 때까지 판단을 유보하도록 돕는다. 사고방식이 유연해지려면 우리가 사용하는 말을 '정말 가능할까'에서 '어떻게 하면 가능할까'로 바꿔야 한다. 원하는 것을 이루는 방법을 생각하고, 어떻게 실제로 이룰 수 있을지를 고민하면 그때부터 마음이 변화하기 시작한다. 우리는 긍정적이든 부정적이든 자신이 생각한 대로 될 수 있으므로 목표를 달성하는 방법과 행동을 집중적으로 생각한다면 성공 가능성이 예전에 비해 훨씬 높아질 것이다.

■ 인생의 7가지 핵심 포인트

1. 비즈니스와 커리어

   어떻게 성공을 거두고 만족을 얻으며 자기 분야에서 최고의 자리까지 올라갈 것인가?

2. 가족과 개인적인 생활

   어떻게 외적인 성공과 개인적인 생활 사이의 균형을 잡을 것인가?

3. 돈과 투자

어떻게 재정 생활을 통제해 재정적인 독립을 성취할 것인가?

4. 건강과 체력

어떻게 높은 수준의 체력 및 에너지와 전체적인 행복을 성취하고
유지할 것인가?

5. 개인적인 성장과 발전

어떻게 성공적인 인생을 위해 필요한 핵심 지식과 기술을 파악
해서 획득할 것인가?

6. 사회 및 공동체 활동

어떻게 이 세상에서 확실히 두각을 나타내고 영구불변의 유산
을 남길 수 있도록 자신의 생활을 조직할 것인가?

7. 정신적 발전과 내적 평화

어떻게 인간으로서의 완전한 잠재력을 실현할 수 있도록 내적인
생활과 사고를 구성할 것인가?

집중의 법칙　Law of Concentration

무엇이든지 생각할수록 자라난다는 법칙으로 어떤 것을 자꾸 생각
할수록 그것이 현실화될 가능성이 높다는 뜻이다. 목표를 종이에
적고 우리가 원하는 것을 어떻게 하면 달성할 수 있을지 더 많이 생
각할수록 그것을 이룰 기회가 더 자주 찾아오며 더 잘 인식할 수 있

다. 성공한 사람은 어떤 일이 완료될 때까지는 오직 그것에만 온전히 집중하는 능력이 있다. 원하는 것만 생각하고 말하며, 원하지 않는 것은 생각하지 않도록 스스로 단련하면 목표를 성취할 수 있다. 목표를 이루기 위해 집중하고 지속적으로 생각하면 그것이 결국 현실에서 이루어진다. 그리고 그를 위한 방법을 고민할수록 문제를 해결할 수 있는 집중력도 향상된다.

SUCCESS LINE

What others have done, you can do as well.
다른 사람이 이미 해낸 것은 당신도 할 수 있다.

Happy people discipline themselves
to think and talk only about what they want,
and to keep their minds off what they don't want.
행복한 사람들은 오직 자신이 원하는 것에 대해서만
생각하고 말하며 원하지 않는 것에 대해서는
잊도록 자신을 단련한다.

CHAPTER 07

성공하는 사람은 낙관주의자다

우리는 성공과 행복, 장수를 누리려면 무엇이 가장 중요한 자질인지 궁금해 합니다. 무엇인지 아시겠습니까? 답은 간단합니다. 인터뷰 과정에서 가장 성공한 수만 명의 응답자들은 성공을 위해 제일 중요한 자질이 '낙관주의'라고 답했습니다.

성공한 사람들은 낙관주의자입니다. 자기 자신에 대해 그리고 미래에 대해 긍정적입니다. 대부분의 시간에 자신이 무엇을 원하는지를 생각하는 소위 현실적 낙관론자들입니다. 즉 세상에 여러 가지 문제가 있음을 인정하지만, 그 문제의 해결과 목표 달성에 현실적이고 낙관적이라는 뜻입니다.

또한 우리는 낙관주의가 정신적 자질이라는 사실을 배웠습니다. 그리고 정신과 신체는 이런 식으로 비교해 볼 수 있습니다. 신체적 건강이 필요하듯이 정신적 건강도 필수입니다. 신체적 건강을 위해서는 운동을 해야 육체적으로 건강을 유지할 수 있습니다. 어쩌면 오랜 기간 동안 해야 할지도 모르겠지만요. 마찬가지로 낙관주의자가 되려면 정신적으로 운동을 해야 합니다.

낙관주의자들의 세 가지 특별한 사고방식

낙관적인 사람들은 세 가지 특별한 사고방식을 가졌다고 합니다. 이 방식들을 연습하면 여러분도 낙관주의자가 될 수 있습니다. 낙관주의자가 되면 여러분은 더 행복하고, 더 성공하고, 자부심도 더 높아지고, 타인을 더 좋아하게 되고, 그들도 여러분을 더 좋아하게 되어 함께 비즈니스를 하고 싶어 합니다. 여러분이 낙관주의자라면 모든 문이 여러분을 위해 열립니다. 반대로 비관주의자라면 모든 문이 닫히게 마련입니다.

낙관주의자가 되는 비결을 알려드리기 전에 묻고 싶은 것이 있습니다. 불행하고 비관적이고 성공도 못한 사람들이 대개의 시간 동안 무슨 생각을 하는지 아십니까?

답은 낙관주의자들과는 상반되게 생각한다는 겁니다. 낙관주의자들은 본인이 원하는 것이 무엇이고 어떻게 얻을지를 생각하지만, 비관주의자들은 싫어하는 것이 무엇이고 뭐가 문제이며 누구 탓을 할지만 생각합니다. 낙관주의자들은 미래와 앞으로 어떻게 할지를 고민하지만, 비관주의자들은 과거에 누가 상처를 주었는지 되새깁니다. 낙관주의자들은 과거는 되돌릴 수 없다는 것을 알기에 잊어버리는 반면, 비관주의자들은 과거에 집착합니다. 그들이 할 수 있는 것은 과거에 대한 집착밖에 없기 때문입니다.

그러므로 과거는 잊어버려야 합니다. 인생의 성공 법칙 중 하나는 본인이 바꿀 수 없는 것에 대해 걱정하면서 시간을 허비하지 않는 것입니다. 과거는 바꿀 수가 없죠? 그러니까 과거사를 두고 걱정하면서 무슨 일이 일어났고 누구 탓이고, 어떻게 다르게 행동했어야 했는지를 떠올리지 마십시오. 그냥 버려두고 앞으로 어떻게 할지에 집중하십시오.

여기 멋진 구절이 하나 있습니다. 당신이 햇빛을 향해 설 때 그림자는 항상 당신의 뒤에 있다는 말입니다.

인생을 살면서 여러분이 할 일은 햇빛을 향해 당당히 서서 본인이 원하는 바를 생각하는 것입니다.

낙관주의자의 세 가지 성공 비결

이제 세 가지 비결을 알려드리겠습니다. 첫째, 본인이 원하는 것이 무엇인지 그리고 그것을 어떻게 달성할 수 있을지 항상 생각하십시오. 그러면 긍정적이고 낙관적인 태도를 갖게 될 겁니다. 둘째, 어떤 상황에서든 좋은 면을 찾아보십시오. 모든 사람에 대해서, 그 어떤 어려움에 대해서도 좋은 면을 찾아보십시오. 뭔가 일이 잘못될 때마다 "괜찮아!"라고 말하는 습관을 기르십시오.

설사 집에 불이 나더라도 이렇게 말하십시오. "괜찮아! 그렇지 않아도 직장에 더 가까운 곳으로 이사가려고 했었어." 차를 도난당해도 "괜찮아! 어차피 재떨이가 꽉 차서 비우기 귀찮았는데 뭐." 실직을 당해도 "괜찮아! 어쨌든 맘에 안 드는 일이었으니까."라고 하십시오. 최악의 상황에서도 항상 긍정적인 면을 찾아내십시오.

한 가지 여쭤 보겠습니다. 집에 전등의 밝기를 올렸다 내렸다 할 수 있는 불빛 조절 스위치가 있습니까? 집에 이런 조절 스위치가 있나요? 있으면 "예"라고 대답해 주세요. 거의 있으시군요. 없는 분들도 무얼 말하는지는 아실 겁니다. 그렇죠? 지금 이곳에도 조절 스위치가 있어서 환해졌다 어두워졌다 하지요? 아마 조절 스위치 담당자가 담배라도 피면서 한 눈을 파는 모양입니다. 불빛이 계속 밝았다 어두웠다 하는군요.

여하튼 또 한 가지 법칙이 있습니다. 여러분이 조절 스위치를 올리면 밝아지고 스위치를 내리면 어두워집니다. 여러분의 뇌에도 조절 스위치가 있습니다. 본인이 무엇을 원하고 어떻게 얻을 것인지 생각하는 사람은 이 스위치가 올라갑니다. 정신 조절 스위치가 환하게 밝아지면 여러분은 더 창의적이고 긍정적으로 바뀝니다. 생활에너지도 충전되고 더 인간적이고 친근해지며 현명해집니다. 뇌의 조절 불빛이 가장 밝게 올라갈 때 여러분도 최상의 상태가 되는 겁니다. 본인이 원하는 것, 성취 방법을 생각할 때마다 여러분의 뇌 전등은 완전히 켜집니다. 어려운 상황에서도 긍정적인 면을 생각하고 찾을 때 여러분의 뇌 전등은 환하게 밝아집니다.

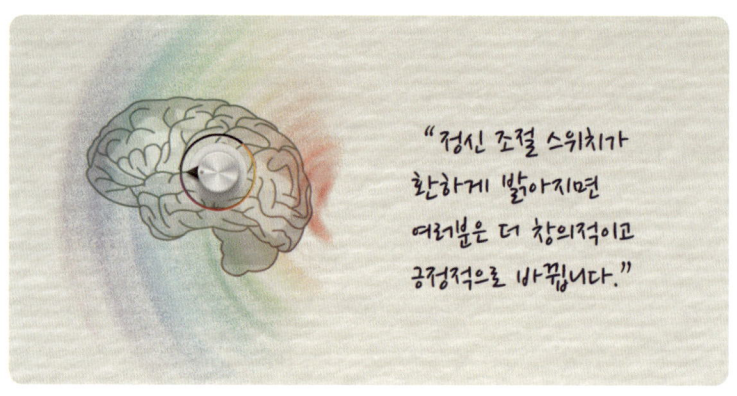

"정신 조절 스위치가 환하게 밝아지면 여러분은 더 창의적이고 긍정적으로 바뀝니다."

이것이 바로 두 번째 법칙입니다. 어려운 상황에서도 긍정적인 면을 찾으면 항상 발견할 수 있다는 것입니다. 언제 어디서나 찾을 수 있습니다. 늘 잘 찾아보면 긍정적인 면을 얻을 수 있고, 그때마다 여러분의 뇌 조명은 환히 밝혀집니다.

완벽한 낙관주의자가 되기 위한 세 번째 비결은 어려움이나 문제가 있더라도 항상 가치 있는 교훈을 찾아내는 것입니다. 다시 말씀드리지만 여러분이 가진 그 어떤 문제나 어려움 속에서도 가치 있는 교훈을 찾아보십시오.

그러면 몇 가지 새로운 상황이 전개됩니다. 먼저 교훈을 찾다 보면 여러분의 조절 스위치가 올라갑니다. 그래서 창의적이고 긍정적이 되고 새로운 에너지를 갖게 됩니다. 만약 잘못된 일에 대해 탓할 사람을 찾아내다 보면 여러분의 조절 스위치는 부정적으로 내려갑니다. 조절 스위치가 낮아지면 여러분은 화가 나고 두려움과 분노에 떨게 되고 걱정하며 참을성이 없어집니다.

그렇기 때문에 여러분은 항상 이 조절 등을 환하게 밝히고 있어야 합니다. 성공한 사람들은 자신의 조절 스위치를 밝게 유지하는 사고 습관을 가진 이들입니다. 성공한 사람들은 자신이 불행하다는 생각을 하지 않습니다.

■ 정신 건강 프로그램: 성공한 사람들의 7가지 태도

보다 긍정적이고 자신감 넘치고 낙관적인 사람이 되기 위해서 매일 배우고 연습할 수 있는 7가지 정신적 건강법 혹은 사고방식이 있다. 이 방식으로 생각할수록 더 많은 것을 성취할 수 있고, 더 빨리 그리고 더 쉽게 이룰 수 있다.

1. 미래 지향성

이상적인 미래가 어떤 모습일지 그려보고, 구체화하고, 상상한다. 그리고 비전을 현실로 만들기 위해 노력한다. 미래 지향적인 사람들은 지금부터 5년 후 자신의 삶이 어떤 모습이 되길 원하는지에 대해 매우 분명한 생각을 갖고 있다. 어디로 가고 있고 왜 거기로 가길 원하는지 알고 있으며 미래의 일, 소득, 가족, 생활양식, 건강, 성취 수준에 대한 명확한 정신적 이미지를 갖고 있다. 이상적인 미래를 묘사하는 것에 명료성이 커질수록 자신을 위한 미래를 창조할 가능성은 더 커지며 상상하는 것보다 더 빨리 그것을 이룰 수 있다. 결국 명료성이 핵심인 것이다.

2. 목표 지향성

스스로 무엇을 원하는지를 결정하고 그것을 글로 작성해 데드라인을 정하고 계획을 세우고 매일 노력한다. 성공한 사람들은 대부분의 시간을 그들의 목표와 그 목표를 어떻게 달성할지에 대해 생각하며 보낸다. 그리고 목표를 세우는 데에 핵심이 되는 것은 종이 위에서 생각하는 것이다. 목표는 손으로 만질 수 있고 구체적이어야 하며 적극적이고 분명한 행동으로 이어져야 한다. 목표를 글로 작성함으로써 목표를 성취할 가능성은 엄청나게 증가한다. 당신이 던질 유일한 질문은 '어떻게'이다. 그것을 어떻게 성취할 수 있는가?

3. 숙련 지향성

성공한 사람들은 자신의 일에 매우 능숙하며 끊임없이 더 발전한다. 그들은 자신의 일에 가장 크게 기여하는 하나의 기술 영역에 전념한다. 자신이 하는 일을 탁월하게 해내겠다고 결심한 후 매일 무언가 개선되도록 노력한다. 하루하루 새로운 것을 배우고 실행하면서 계속 앞으로 나아가는 추진력을 잃지 말아야 한다. 시간이 얼마나 걸리는가는 중요하지 않다. 매일 조금씩 나아진다면 어떠한 것도, 어떠한 사람도 당신이 마침내 자기 분야에서 상위 10%로 진입하는 것을 저지할 수 없다. 자신이 하는 일에서 뛰어나게 되면 인생은 완전히 달라질 것이다. 자부심과 자존심은 극적으로 증가하며 스스로 아주 멋지다는 느낌을 갖게 될 것이다. 또한 주변의 모든 이들로부터 존경과 존중을 얻을 것이다.

4. 결과 지향성

일을 수행하면서 기대되는 가장 중요한 결과를 얻는데 초점을 맞춘다. 중요한 일들을 점점 더 많이 함으로써 자신의 가치를 계속 증대시킨다. 자신이 할 수 있는 가장 중요한 것을 선정해서 그 일을 성취하는데 집중해야 한다. 그것이 완료될 때까지 산만하게 굴거나 방심하지 말고 꾸준히 매달려야 한다. 결과 지향은 다음의 4가지 질문을 매일 매시간 매분 반복해서 묻고 답하는 것에 그 기초를 두고 있다.

1) 가치가 가장 높은 활동은 무엇인가?
2) 핵심적인 결과를 만드는 분야는 무엇인가?
3) 만약 잘된다고 가정하면, 나만이 할 수 있는 일은 무엇인가?
4) 시간을 가장 가치 있게 이용하는 방법은 무엇인가?

5. 해결 지향성

문제보다 해결에 대해서 생각한다. 누군가 비난할 사람을 찾는 것이 아니라 문제를 해결할 방법을 찾음으로써 계속 긍정적이고 창의적이며 발전적으로 생각한다. 인생은 문제의 연속이며 문제는 결코 끝이 없다. 문제를 해결할 수 있는 능력이 자신의 성공과 소득을 결정한다. 이런 능력이 인생에서 얼마나 멀리 가고 얼마나 높이 올라갈지를 결정한다. 대부분의 시간을 문제 해결에 초점을 맞추면 자신이 하는 모든 일에서 더 효과적이고 창의적으로 변하게 되며 정신은 더 높은 수준에서 움직이게 된다.

6. 발전 지향성

자기 자신은 가장 소중하고 가치 있는 자산이다. 자신에게 더 많이 투자할수록 돌아오는 보상은 더 커질 것이다. 발전 지향적인 사람들은 자기 자신과 미래에 대해 헌신적이다. 그들은 새로운 아이디어, 통찰력, 기술, 방법 및 전략을 열심히 배우고 실행한다. 그들은 스펀지처럼 주변의 모든 원천으로부터 가능한 한 모든 것을 흡수한다. 자신의 분야에서 정상으로 향하고 무슨 일을 하든 커다란 성공을 이룰 수 있는 강력한 원칙은 "자신의 여생을 위해 소득의 3%를 자신에게 다시 투자하라."는 것이다. 자신이 가진 잠재력의 더 많은 부분을 개발함으로써 정신을 지속적으로 살찌우고 더 높은 수준으로 생각하고 일의 수행 능력을 끝없이 개발해야 한다.

7. 행동 지향성

미루는 버릇을 극복하고 핵심적인 업무에 즉시 착수해야 한다. 자신에게 "그것을 지금 하라! 지금 하라!"고 끊임없이 반복해서 말하자. 사람들은 어떤 요구나 질문을 했을 때 당신이 빨리 행동하면 느리게 움직이는 다른 어떤 사람보다 당신을 더 훌륭하고 가치가 높다고 여긴다. 빨리 움직임으로써 당신은 경쟁력을 확보하는 것이다. 더 빨리 움직일수록 더 많은 에너지를 갖게 되고 더 많은 경험을 얻게 된다. 더 많은 경험을 얻을수록 더 빨리 배우게 되고, 더 빨리 배울수록 더 발전한다. 그리고 더 발전

할수록 더 많은 소득을 얻고 더 신속히 승진할 것이다. 결국 더 빠르게 움직일수록 거의 모든 영역에서 삶의 질이 더욱 향상될 것이다.

기대의 법칙　Law of Expectation

확신을 가지고 기대하면 그대로 된다는 법칙이다. 즉 현재 모습은 당신이 원한 것이 아니라 기대한 것이라는 뜻이다. 기대는 눈에 보이지 않지만 강력한 영향을 미쳐서 다른 사람을 우리가 기대하는 대로 움직이고, 상황을 전개시킨다. 그것은 자신과 세계를 믿는 마음에서부터 결정된다. 사람과 일, 삶의 모든 영역에 거는 기대는 무엇을 진실이라고 믿느냐에 따라 달라진다.

긍정적인 기대는 행복과 자신감을 불러오는 긍정적인 태도를 만들고, 정신적으로 유연하고 안정되며 여유 있는 낙천성을 지니게 하며, 매일 직면하는 도전에 건설적으로 반응할 수 있게 해준다. 항상 긍정적인 기대를 하면 모든 일에서 유용하고 가치 있고 자신에게 유리한 무언가를 찾아낼 수 있다. 따라서 성공한 사람들은 매사에 자신감을 갖고 문제에 대응하며 일처리에서도 긍정적인 자기 기대감을 갖는 경향이 강하다.

반면에 자기 제약적이거나 그릇된 믿음에 근거한 기대는 여지없이 나쁜 결과로 나타난다. 일과 인간관계에서 실패한 사람들의 대부분은 부정적이고 냉소적이며 비관적인 태도를 자주 보이고, 그에 따라 펼쳐지는 상황은 그들이 기대한 대로 마이너스로 흘러가 버린다.

SUCCESS LINE

**Decide today that you are going to live
a long, happy, healthy life.**

당신이 오랫동안 행복하고,
건강한 인생을 살 것을 오늘 결심하라.

**You have within you, right now, the ability to
solve any problem.**

당신은 지금 당신 안에 어떤 문제도
해결할 능력을 가지고 있다.

**Never worry about things you can't do anything about.
Instead, focus your energies on the things
you can do something about.**

당신이 아무 것도 할 수 없는 것들에 대해 절대 걱정하지 말라.
대신 당신이 무언가 할 수 있는 것들에
에너지를 집중하라.

CHAPTER 08

위기는 신이 보낸 선물이다

전에 제 친구가 한 말이 생각납니다. 신이 인간에게 선물을 줄 때는 꼭 그 선물을 문제로 포장해서 보낸다는 겁니다. 신이 큰 선물, 즉 정말 가치 있는 교훈을 보낼 때에는 그만큼 더 큰 문제로 포장해서 전한다고 합니다.

여기 계신 많은 분들이 지금 필요 이상으로 너무 많은 선물을 받았다고 느낀다는 사실을 알고 있습니다. 그러나 모든 문제를 선물로 여기고 잘 살펴보면 반드시 숨겨진 선물을 찾을 수 있을 겁니다.

연습을 한번 해보겠습니다. 먼저 여러분 중에 어떤 문제가 있으신 분들 계십니까? 물론 우리는 모두 문제를 갖고 있습니다. 문제가 있는 삶은 정상이고 당연합니다. 인생이란 원래 문제의 연속입니다. 이렇게 지속되는 문제의 연속 과정에서 유일한 예외는 가끔의 '위기'뿐입니다. 정상적인 삶을 사는 사람이라면 두세 달에 한 번씩은 위기를 겪게 됩니다. '문제, 문제, 문제, 문제, 문제, 문제, 위기, 문제, 문제, 문제, 문제, 문제, 문제, 위기'의 순서로 일어납니다. 그래서 인생은 문제와 위기의 연속이 되는 것이죠.

다시 말하면 여기 계신 모든 분들은 지금 현재 위기를 겪고 있거나 이제 막 위기를 벗어났거나 아니면 조만간 위기에 처할 것이라는 의미이기도 합니다. 그게 바로 세상사입니다. 그렇기 때문에 이런 문제와 위기에 여러분이 어떻게 대처하느냐가 중요한 것입니다.

인생의 모든 문제에는 교훈이 담겨 있다

그러면 여러분의 문제를 한번 생각해 보십시오. 그리고 그 문제들을 수북이 쌓인 그릇과 접시라고 상상해 보십시오. 거기에는 항상 가장 위에 놓인 접시가 있습니다. 그 접시가 바로 여러분의 생애에서 가장 큰 문제입니다.

여러분, 자신의 문제들 중에서 지금 현재 최대의 문제는 무엇인지 떠올려 보십시오. 여러분에게 가장 많은 걱정과 불행한 감정을 불러일으키는 문제가 여러분의 인생에서 가장 큰 문제가 됩니다. 때로는 금전적인 문제일 수도 있고, 인간관계나 혹은 건강 문제일 수도 있습니다.

잠시 동안 자신의 가장 큰 문제가 무엇인지 생각해 보시고, 그 문제가 우주의 반대편에서 여러분을 위해 고안된 것이라고 상상해 보십시오. 우주 반대편에 있는 위대한 힘이 여러분의 행복과 성공을 기대하기 때문에 생각해 낸 것입니다. 이 위대한 힘은 여러분이 성공하고 행복하기 위해서는 여러 가지 교훈을 배워야 한다는 점을 파악하고 있습니다. 또 이 힘은 사람은 어떤 면에서 상처받지 않으면 제대로 배울 수 없다는 사실을 알고 있습니다. 감정적 고통, 금전적 고통 또는 신체적 고통을 겪지 않고는 교훈을 얻을 수 없다는 것을 알고 있습니다.

지금 여러분이 가진 가장 큰 문제는 여러분이 앞으로 성공하고 행복해지기 위해서 반드시 깨달아야 할 교훈을 이 위대한 힘이 가르치기 위해 만들어 보내 준 선물입니다.

유일한 질문은 "그 교훈을 지금 배우시겠습니까?" 아니면 "문제가 더 커지고 난 후에야 배우시겠습니까?"입니다. 이 위대한 힘은 매우 인내심이 강합니다. 처음에는 여러분에게 필요한 교훈을 그리 크지 않은 고통을 통해 보냅니다. 하지만 그때 교훈을 깨닫지 못하면 그다음에는 더 큰 고통을 통해 교훈을 다시 전합니다.

그런데도 이해하지 못하는 사람에게는 정말로 아픔을 주는 치명적인 고통을 보내서 결국 그 사람이 "그만해! 이젠 정말 깨달았어."라고 할 때까지 계속합니다. 일단 교훈을 얻고 나면 여러분은 그다음 문제에 직면하게 되고, 또 다른 교훈을 얻게 됩니다.

여러분의 인생에서 발생하는 모든 문제에는 교훈이 한 가지씩 들어 있습니다. 여러분이 가진 모든 문제에서 교훈을 찾으면 조절 스위치가 밝아지고 여러분은 더 긍정적이고 힘이 넘치고 자신감 있고 더 노련하고 똑똑한 사람이 됩니다. 모든 문제에는 교훈이 담겨 있기 마련입니다.

여러분이 만약 다른 사람들에게 대단히 긍정적인 영향을 주고 싶다면 간단한 방법이 하나 있습니다. 특히 친구나 직장동료, 부하직원이나 자녀들에게 자신이 원하는 바가 무엇인지를 분명히 깨닫도록 돕고, 항상 원하는 것에 관해서 생각하고 이야기하도록 귀찮게하십시오. 친구나 가족이 문제를 겪고 있다면 거기에서 긍정적인 면을 파악하도록 힘쓰고, 같이 긍정적인 면을 찾다 보면 소절 스위치도 함께 올라갑니다.

마지막으로 여러분의 인생에서 누군가 문제를 겪고 있는 사람이 있다면 이 질문을 던져 보십시오. "이 문제를 통해서 네가 깨달을 수 있는 교훈은 무엇일까? 너를 위해 이 문제에 포함된 교훈은 무엇일까?" 이렇게 하면 언제나 교훈을 찾을 수 있을 것이고, 그것은 문제로 인해 치른 대가보다 훨씬 더 가치 있으리라고 확신합니다.

지금까지 제가 드린 말씀을 전부 이해하셨습니까? 생각해 보니 타당한가요? 좋습니다. 이것이 정상에 선 사람들의 사고방식이며 상위층에 있는 사람들이 생각하는 방식입니다.

ENRICHMENT LEARNING

■ 문제 대신 해결책에 집중하기

인생은 끝없는 문제의 연속이라고 한다. 지금 당신의 인생은 아마도 크고 작은 문제들로 가득 차 있을 것이다. 조심하지 않으면 그런 문제들이 당신의 마음과 생각을 점령해 버리고 만다. 문제에 대해 생각하는 시간이 많을수록 더욱 부정적인 태도를 갖게 된다.

언제라도 문제를 떠안았을 때는 문제 대신에 해답을 생각하도록 습관을 들인다. 문제를 마음속에서 곱씹고 누가 비난받아 마땅한지를 생각하고 이렇게 할 수 있었는데, 저렇게 해야 했는데 식으로 자책하는 버릇을 떨쳐 버려야 한다. 자책할 게 아니라 문제의 해결책은 무엇인지, 다음에는 무엇을 할 것인지를 생각한다. 자신이 무엇을 할 수 있는지 생각하기 시작하는 순간, 마음은 잠잠해지고 정신은 또렷해진다. 긍정적이고 건설적인 사람이 되면서 다시 주도권을 찾게 된다.

또한 과거보다 미래를 생각하게끔 자신을 다스림으로써 대체의 법칙을 실현해야 한다. 그것을 최대한 실현하기 위해 중요한 목표와 과제에 마음을 쏟아야 한다. 그래서 다른 잡념이 생길 틈을 주지 말아야 한다. 근심·걱정에 대한 유일한 현실적인 처방은 꾸준하고 멈추지 않는 행동뿐이다. 모든 힘을 다해 행동할 때 근심·걱정은 사라져 버린다.

대체의 법칙　Law of Substitution

의식은 한 번에 한 가지 생각밖에는 담을 수 없으므로 생각을 바꾸려면 다른 생각으로 대체해야 한다는 법칙이다. 우리는 부정적인 생각을 긍정적인 생각으로 대체함으로써 감정을 제어할 수 있다. 평상시 당신을 불편하게 하는 상황에 처할 때 이 법칙에 따라 마음을 편안하게 해주는 생각을 하면 된다. 또한 당면한 문제가 아니라 그것을 해결할 방법을 말하고 생각해야 한다. 즉 과거에 일어났던 일이 아니라 미래에 어떻게 할지에 마음을 더 집중한다. 해결책을 궁리하는 것만으로도 긍정적인 효과를 기대할 수 있고, 문제 대신에 지금 할 수 있는 일과 취할 수 있는 조치를 생각함으로써 마음은 순식간에 차분해지고 긍정적으로 유지될 수 있다.

SUCCESS LINE

**Discipline yourself to look for the solution
to a problem rather than complaining about it.**

문제에 대해 불평하기 보다는 그에 대한 해결책을
찾기 위해 자신을 단련하라.

**Your biggest problem has been sent to you
to teach you something you need to learn.**

당신이 가진 가장 큰 문제는 배울 필요가 있는
무언가를 가르치기 위해서 보내졌다.

**Each crisis or difficulty you have is a test,
sent to you to see what you are really made of.**

당신이 가진 모든 위기나 어려움은
당신이 정말 무엇으로 이루어져 있는지 보기 위해
보내진 시험이다.

CHAPTER 09

언제나 성공하기를 기대하라

낙관주의자들에게는 두 가지 특별한 자질이 있습니다. 말했듯이 낙관주의자들은 현실적이지만 동시에 이른바 '비현실적인' 성공에 대해 기대하는 사람들이기도 합니다. 그들은 성공하리라고 기대합니다. 인생에서 커다란 성공을 거둔 수백 명의 스토리를 읽어 보면 그들 대부분은 출신 배경이 좋지도 않았고, 시작 당시에는 경쟁 상대보다 유리한 점도 전혀 없었습니다. 그런데 수백 개의 성공담을 접해 보니, 성공한 사람들에게는 한 가지 공통된 자질이 있었습니다. 바로 자신이 성공할 것이라고 기대했다는 사실입니다.

그들은 어떤 일이 발생해도, 아무리 많은 곤경과 어려움에 처해도 성공하리라 확신하기 때문에 절대 포기하지 않습니다. 또한 성공에 대해서는 '비현실적인' 기대를 갖고 있습니다. 만사가 본인에게 불리하게 보이는 상황에서도 여전히 성공하리라 굳게 믿습니다. 그들은 이 생각을 절대 버리지 않습니다.

여러분의 마음이 컴퓨터라고 생각해 보십시오. 아시다시피 컴퓨터는 설치되는 프로그램에 따라 운영됩니다. 그렇다면 '믿음'을 파는 컴퓨터 상점이 있다고 상상해 보십시오. 왜냐하면 여러분의 마음은 믿음에 의해 작동하기 때문입니다. 긍정적이고 낙관적인 믿음을 가진 사람은 인생도 그렇게 진행됩니다. 부정적이거나 두려움이 가득한 믿음을 가졌다면 역시 인생도 그렇게 움직입니다. 특별한 컴퓨터 상점이 있고, 그곳에서 자신을 위해 특별한 '믿음'을 사서 마음의 컴퓨터에 설치한다고 한번 상상해 보십시오. 여러분이 가질 수 있는 최상의 믿음은 무엇일까요?

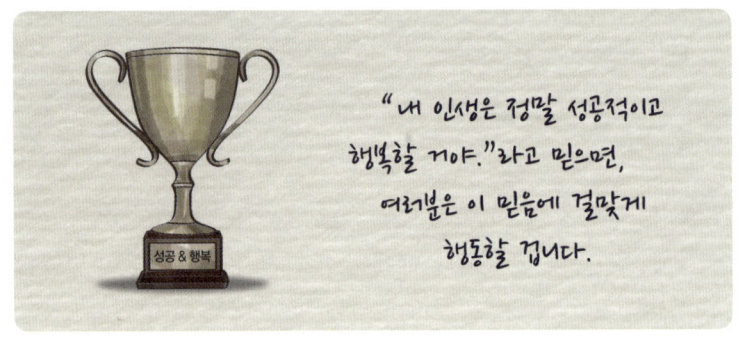

성공 & 행복

"내 인생은 정말 성공적이고 행복할 거야."라고 믿으면, 여러분은 이 믿음에 걸맞게 행동할 겁니다.

예, 저는 그 답에 대해 25년이나 생각해 봤습니다. 제 해답은, 여러분이 소유할 수 있는 최상의 믿음이란 이것입니다.

> 내 인생은 정말 성공적이고
> 행복할 거야!

만약 여러분이 "내 인생은 정말 성공적이고 행복할 거야."라고 믿으면, 여러분은 이 믿음에 걸맞게 행동할 겁니다. 여러분의 믿음과 일치하는 일들을 하게 될 것이고, 결국 행복하고 성공적인 인생을 살게 될 것입니다.

자신이 크게 성공할 것이라고 굳게 믿어라

따라서 여러분이 가질 수 있는 가장 중요한 믿음 그리고 역사상 성공한 인물들이 공통적으로 가지고 있었던 믿음은 "나는 크게 성공할거야."라는 신념입니다. 이렇게 믿어야 합니다.

자신이 인생에서 크게 성공할 것이라고 여기면 두 가지 행동을 하게 됩니다. 첫째, 더 많은 시도를 하게 됩니다. 더 다양한 일들을 시도하게 됩니다. 더 많은 사람들에게 이야기하고 전화도 더많이 하고 책도 더 많이 읽고 더 많은 행동을 취하고 더 많은 목표를 세우고 더 많은 일들을 시도하게 될 것입니다. 보통 우리는 '운'을 많이 믿습니다. 누군가 성공한 사람을 보고는 "저 사람 운이 좋았어."라고 합니다. 그리고 자기 인생의 운도 최대치가 되게끔 온갖 것을 해보기도 합니다.

그런데 제가 30대에 대학을 다니면서 '확률'에 대한 강의를 들었던 적이 있습니다. 확률 강의는 듣기 어려운 코스입니다. 혹시 학교 다닐 때 확률이론을 수강하신 분들 계십니까? 들을 만한 강의가 아닙니다. 엄청나게 까다롭습니다.

확률이론에서는 어떤 일이든 발생할 확률이 있다는 내용을 가르칩니다. 여러분이 80세까지 살 확률도 있고, 1년 동안 무사고 운전을 할 확률도 정해져 있고, 어디론가 번개가 칠 확률이나 여러분이 인생에서 부자가 될 확률도 존재한다는 것입니다. 따라서 여러분과 제가 할 일은 우리가 원하는 것이 발생할 확률을 높이는 것입니다.

제가 발견한 것은 시도가 많을수록 즉 여러 가지를 더 많이 시도할수록 성공 가능성은 높아진다는 사실입니다. 그리고 여러분이 성공한다면 그것은 운 덕분이 아니라, 더 많은 것을 시도했기 때문입니다. 시도를 많이 하면 할수록 적절한 시기에 적절한 자원을 활용해 적절한 일을 하게 될 확률이 증가합니다. 만약 몇 가지만 시도한다면 그만큼 성공 가능성도 낮아집니다.

우리는 어떤 시도가 효과적이고 그렇지 못할지는 조절할 수 없습니다. 어떤 시도가 성공하고 실패할 것인지도 조절할 수 없습니다. 하지만 우리가 시도할 다양한 것들의 숫자는 컨트롤할 수 있습니다. 따라서 여러분이 시도하는 것들의 횟수를 조절할 수 있고, 더 많은 시도를 하면 할수록 궁극적으로는 성공을 보장할 수 있습니다. 성공한 사람들은 남녀를 막론하고 자신이 반드시 성공할 운명이라고 믿기 때문에 여러 가지 다양한 시도를 해보는 낙관주의자입니다. 그러니까 앞으로 더 많이 시도해 보십시오.

ENRICHMENT LEARNING

■ 행동하면 할수록 얻는 것은 많아진다

대부분의 사람들이 처음에는 목표를 향해 힘차게 뛰지만 시간이 지날수록 속도는 점점 떨어지고 마침내 멈춰버리고 만다. 그런데 일단 멈추면 다시 시작하는데 처음보다 훨씬 많은 힘이 든다. 그러므로 한 번 시작했으면 무슨 일이 있어도 계속 추진력을 유지해야 한다. 이는 위대한 성공과 성취의 필수요소이다.

목표를 달성하는데 필요한 활동을 정리하고 나서 그것을 지속하도록 자기 자신을 통제해야 한다. 주된 목표를 성취하는데 도움이 되는 활동을 매일 실행해야 한다. 끊임없이 움직이고 긍정적인 태도와 동기부여로 추진력 있게 행동을 계속해서 매일 조금씩 무슨 일인가를 성취해야 한다. 더 많은 일을 더 빨리 시도할수록 에너지와 열정도 증대되어 더욱더 많은 것을 성취할 수 있다. 하나를 시도해 보고, 다음 일을 시도하고, 그 다음 또 그 다음 하는 식으로 멈추지 않고 늘 움직여야 한다.

사람은 행동하면 할수록 얻는 것이 많아지게 마련이다. 쉬지 않고 앞으로 나아가다 보면 자신이 얼마나 많은 일을 할 수 있고, 얼마나 많은 기회와 가능성을 눈앞에 두고 있는지 깜짝 놀라게 될 것이다.

신념의 법칙　　Law of Belief

우리가 무엇을 진심으로 믿고 진정으로 바라면 그것은 현실이 된다. 무언가를 사실이라고 강하게 믿으면 믿을수록 그것이 실제로 일어날 가능성은 커지며, 우리가 어떤 것을 사실이라고 확실하게 믿으면 그 반대의 생각은 거의 사라진다.

신념은 우리에게 터널비전을 제공해 우리가 믿기로 결심한 것과 일치하지 않는 정보는 무시해 버린다. 또한 우리는 항상 자신의 신념과 일치하게 행동한다. 자기 분야에서 의미 있는 성공을 이룰 것이라고 분명히 믿는다면 무슨 일이 생겨도 좌절하지 않고 목표를 향해 계속 나아갈 수 있다.

SUCCESS LINE

Action is everything.

행동이 모든 것이다.

The more actions you take, the more
and better results you will get.

당신이 더 행동하면 할수록 얻는 결과도 더 많고 나아진다.

People become wealthy because they decided
to become wealthy.

부자가 되겠다고 결심한 사람이 부자가 된다.

CHAPTER 10

절대 포기하지 말고 계속해서 시도하라

낙관주의자들이 가진 두 번째 특징은 다른 사람들보다 더 오래 참는다는 겁니다. 사실 낙관주의자들은 절대 포기하지 않습니다. 낙관주의자들은 몇 주, 몇 달, 몇 년이 걸려도 끝까지 계속합니다. 절대 포기하지 않습니다. 결코 그만두지 않죠. 성공의 법칙 중에서 가장 위대한 법칙은 첫째, "더 많은 것을 시도하라." 둘째, "절대 포기하지 말라." 입니다.

예전에 제가 심리학을 공부하기 시작하면서 배운 것이 있습니다. 만약 여러분이 교통사고를 당하고 난 후 응급처치 과목을 든는다면 이미 너무 늦었다는 사실입니다. 교통사고가 일어났을 때 활용하려면 사고 발생 전에 응급처치를 익혀두었어야 합니다. 인생도 마찬가지입니다. 여러분은 살면서 여러 가지 장애물, 어려움, 일시적인 실패들을 겪을 겁니다. 그런 일들은 늘 벌어지기 마련입니다. 그런데 일단 이런 일들이 발생하고 난 후에 어떻게 대처할지를 결정한다면 이미 늦어버리고 맙니다. 그러니까 비결은 지금 결정을 내리는 겁니다.

> 앞으로 어려운 일이 발생하더라도
> 나는 절대로 그만두거나 포기하지 않을 거야.

"나는 소득을 두 배로 올리는 목표를 달성한 후 다시 또 두 배로 만들 거야." "그 어떤 어려운 일이 벌어져도 난 계속 해나갈 것이고 절대 그만두지 않을 거야."라고 결심하는 겁니다.

이렇게 여러분이 의식적으로 결심하면 그것은 무의식 속의 명령으로 받아들여집니다. 그래서 여러분 앞의 장애물이나 어려움에 부딪치더라도 여러분의 마음은 이미 프로그래밍 되어 있어서 즉각 대처할 수 있고 결코 물러서지 않게 됩니다.

20대 초반에 깨닫게 된 이 사실은 제 인생에 큰 영향을 미쳤습니다. 그 후로 저는 목표를 정하면 절대 그만두지 않겠다고 결심했습니다. 절대 단념하지 않는 겁니다. 제가 여러분보다 똑똑하거나 능력이 많지는 않지만, 저는 절대 포기하지 않는다는 것을 알고 있습니다. 저를 총으로 죽일 수는 있어도 절대 그만두진 않을 겁니다. 저는 그저 목표를 향해 계속 나아갈 겁니다.

여러분도 그렇게 결심해야 합니다. 여러분이 인생에서 무엇인가를 원한다면 결정을 내려야 합니다. 가령 소득을 두 배로 늘리고 싶다고 결정한다면 여러분은 두 배로 수입을 늘릴 것이며 절대 포기하지 않을 겁니다.

여러분은 성공할 때까지 끊임없이 수많은 시도를 계속해야 합니다. 바로 이런 결심을 하는 순간, 여러분의 성공은 보장됩니다.

중요한 목표 세 가지를 종이에 적어라

간단한 테스트를 해 보겠습니다. 현재 인생에서 가장 중요한 세 가지 목표를 적어 보십시오. 종이나 노트를 꺼내서 지금 여러분에게 가장 중요한 세 가지 목표를 기입하십시오. 30초 드리겠습니다. 20초 남았습니다. 빨리 적으세요. 세 가지 목표가 생각나지 않으면 그냥 '돈, 돈, 돈'이라고 쓰십시오. 10초 남았습니다. 5초, 4, 3, 2, 1. 멈추십시오.

이것이 바로 여러분이 평생 활용할 수 있는 목표 설정 방법입니다. 딱 30초를 주고 가장 중요한 세 가지 목표를 적으라고 하면 여러분은 30분 혹은 3시간을 두고 생각하는 것과 똑같은 목표를 적는다는 사실을 발견했습니다. 가장 중요한 세 가지 목표를 빨리 적을 수밖에 없는 상황에서는 여러분의 진정한 목표를 쓰게 되는 것이죠.

"세 가지 목표를 적으면 그것이 여러분의 미래를 말해줍니다. 왜냐하면 의식적이든 무의식적이든 매일 여러분은 그 목표들의 성취를 향해 움직이고 있기 때문입니다."

그럼 여러분이 적은 세 가지 목표가 무엇인지 맞춰 보겠습니다. 아마 여러분 중 80%는 돈, 건강, 인간관계 또는 가족과 관련된 세 가지 목표를 적었을 겁니다. 그렇죠? 그 이유는 간단합니다. 그것들이 여러분 인생에서 중요한 3대 부분이기 때문입니다.

이제 하나 더 말씀드리겠습니다. 만약 제가 여러분께 인생에서 가장 큰 세 가지 문제가 무엇이냐고 묻는다면, 아마도 여러분의 세 가지 목표가 그 세 가지 문제들에 대한 답안이 될 겁니다. 즉 여러분이 3대 목표를 달성하면 여러분은 세 가지 가장 중대한 문제들을 해결하게 되는 겁니다.

아까 제가 성공한 사람들은 미래에 대해 앞으로 어떻게 할지를 생각한다고 말씀드렸죠? 여러분이 세 가지 목표를 적으면 그것이 여러분의 미래를 말해줍니다. 왜냐하면 의식적이든 무의식적이든 매일 여러분은 그 목표들의 성취를 향해 움직이고 있기 때문입니다. 심지어 그것에 대해 생각하고 있지 않다고 해도 그 목표 달성을 향해 가기 마련입니다. 그것은 여러분의 자의식이 강한 목표들이기 때문입니다. 여러분은 목표를 향해, 목표는 여러분을 향해 움직이는 것입니다.

한 사람의 외부세계는 그 사람의 내면세계를 반영한다

지금부터 24시간 동안 계속해서 지금 적은 세 가지 목표들에 대해서 생각하시길 바랍니다. 세 가지 목표들에 대해 생각하면서 한 가지만 자문해 보십시오. "어떻게?"라는 질문입니다. 예, 그렇습니다. 바로 "어떻게?"입니다. 여러분은 아주 훌륭한 학생들이군요.

저희는 상위 10%의 사람들을 인터뷰했고, 말씀드렸듯이 여러분도 상위 10%에 속합니다. 이 사람들에게 집중적인 인터뷰를 실시해서 "대부분의 시간에 무슨 생각을 하십니까?"를 물어보았습니다. 그 결과 상위 10%의 사람들은 대개의 시간 동안 몇 가지 특별한 방식으로 사고한다는 점을 알게 되었습니다.

그런 사고방식들은 다 학습 가능합니다. 여러분도 정상에 선 사람들처럼 생각하는 법을 배울 수 있습니다. 여러분이 그들과 같은 방식으로 생각하면 똑같은 결과를 거둘 수 있을 겁니다.

"당신의 외부세계는 언제나 내면세계의 거울 혹은 반영이 될 것이다."라는 법칙이 있습니다.

따라서 현재 여러분의 외부세계는 지금 여러분이 대부분의 시간에 생각하고 있는 것을 반영하는 것입니다. 여러분이 생각하는 것을 바꾸면, 여러분의 외부세계도 여러분 내면의 프로그램에 맞게 변화합니다.

이것은 스크린에 투영되는 것과 비슷합니다. 여러분의 눈이 렌즈이고 스크린이 여러분의 세상 또는 현실이라고 상상해 보십시오. 여러분의 생각이 바로 여러분의 눈을 통해 스크린에 투영되는 것입니다. 여러분은 언제나 자신의 인생을 스크린에 비추게 됩니다. 어디를 보든 자기 자신을 보게 됩니다. 어디를 보아도 자기 자신이 투영되어 보입니다.

■ 지금 가장 중요한 세 가지 목표는?

펜을 들고 30초 동안 이 물음에 대한 답을 신속하게 기록한다. 당신의 잠재의식이 모든 부수적인 목표는 버리고, 중요한 지향점이나 목표만을 제시할 것이다. 그러고 나서 "지금 가장 심각한 세 가지 걱정이나 고민은?"이라고 자문하라. 역시 30초 안에 답변한다.

이 퀵 리스트 기법을 당신 삶의 모든 핵심 분야에 적용해 본다. 사업, 가족, 건강, 재정 등에서 가장 중요한 세 가지 목표를 빠르게 적어 보는 것이다. 세 가지 목표는 당신의 미래와 무엇을 향해 나아가는지를 의식적·무의식적으로 나타낸다. 세 가지 걱정과 고민은 당신의 과거, 즉 당신이 어디에서 왔고 무엇에서 벗어나려고 하는지를 말해 준다.

규칙적으로 이 질문을 던지면 당신이 누구이고 진정으로 원하는 것이 무엇인지를 그 어느 때보다 분명히 알 수 있다. 그리고 목표의 성취와 문제 해결에 도움이 되는 아이디어도 점점 더 많이 얻게 될 것이다.

■ 목표 성취에 중요한 4가지 사고 기법

어떤 목표 성취에 사용할 수 있는 중요한 4가지 사고 기법이 있는데, 이것을 사용하면 개인목표나 사업목표를 달성할 수 있는 능력이 현저히 배가될 것이다.

1. 장애물을 제거하라

자신과 목표 사이에 존재하는 장애물이 무엇인지 파악하라. 무엇이 목표 성취를 방해하는지, 어떤 이유로 지금까지 성취하지 못했는지 하나하나 꼼꼼하게 적는다. 장애물을 규정하고 나면 가장 큰 장애물이 무엇인지 확인한다. 당신이 할 일은 작은 문제에 눈을 돌리기 전에 당신을 가로막고 있는 가장 큰 문제를 발견해서 그 해결에 힘을 집중하는 것이다.

2. 한계지점을 발견하라

어떤 목표를 성취하려고 하면 자신이 원하는 곳에 도달하는 속도를 결정짓는 첫걸음과 마주하게 된다. 이것은 성취 과정에서 직면하게 되는 한계요소이자 난관이기도 하다. 자신을 빈틈없이 분석해 보면 목표나 성과 달성을 방해하는 요인은 어떤 기술이나 자질, 행동 부족에 있다는 사실을 알게 된다. 이것이 가장 먼저 해결해야 할 과제다.

3. 필요한 지식과 기술을 확인하라

목표 성취에서 추가적으로 요구되는 지식이나 기술을 파악하라. 배워야 할 것은 무엇이고, 알아야 할 것은 무엇이며 설정한 목표를 달성하기 위해 가장 많이 요구되는 지식과 기술, 경험은 무엇인가? 자신을 더 높은 수준으로 계발하지 않는다면 지금 이룬 것 이상을 실현하는 것은 불가능하다. 원하는 목표를 성취하는 데에 활용할 수 있는 지식만이 진정한 힘이 될 수 있다. 목표 성취와 업무 달성을 더욱 신속하게 마무리하기 위해 자신에게 꼭 필요한 실질적인 지식이 무엇인지 자문하라. 자신에게 꼭 필요한 지식을 찾아내는 것이 쉽진 않지만 목표 달성에 필요한 지식을 얻는 일은 성과에 엄청난 영향을 준다.

4. 누구의 도움을 받을지 결정하라

개인적으로 혹은 비즈니스상의 목표 성취를 위해 도움이나 협조를 얻어야 할 사람이 누군지 파악하라. 누구의 도움이 필요한지, 목표 성취를 방해하는 사람은 누구인지, 힘을 합쳐야 할 사람은 누구인지를 확인한다. 누구에게 도움을 받을지 숙고해 보고 그들이 당신을 돕게 하기 위해 무엇을 할지, 당신을 도움으로써 그들이 얻을 수 있는 이익은 무엇인지 살펴본다. 다른 사람이 필요로 하는 것을 늘 먼저 생각하고 나서 당신에게 필요한 것을 파악한다.

습관의 법칙　　Law of Habit

습관은 사회가 필요로 하는 사람이 되는 것을 가로막는 주된 장애물이다. 습관적으로 하는 생각과 느낌, 말, 행동은 때로 우리가 목표로 하는 곳으로 향하지 못하게 가로막고 제자리만 맴돌게 방해한다. 그중 가장 위험한 습관은 정신적인 습관이다. 머릿속으로 계속 생각하는 것은 현실화되기 때문에 자신을 스스로 제약하는 부정적인 생각은 본인의 정신건강에 치명적인 해를 끼치는 주범이다. 습관은 자신에게 도움이 되고 삶을 윤택하게 만들어 줄 때에만 가치가 있다. 그래서 습관적으로 긍정적인 생각을 하는 것이 무엇보다 가장 중요하다. 행복에 지장을 주는 습관은 완전히 교정하거나 변화시켜야 한다. 다행스럽게도 대부분의 습관은 학습된 것이므로 의지와 노력으로 얼마든지 극복할 수 있다.

SUCCESS LINE

Thought times emotion equals reality.

생각 곱하기 감정은 현실과 같다.

Your outer world will invariably be a mirror of your inner world.

당신의 외부세계는 언제나 당신의 내면세계의
거울이 될 것이다.

You can accomplish extraordinary things by becoming a tiny bit better each day.

당신은 매일 아주 조금씩 나아짐으로써
엄청난 것들을 성취할 수 있다.

CHAPTER 11

끊임없이 완벽한 미래를 꿈꾸고 준비하라

그렇다면 정상에 선 사람들은 주로 어떤 방식으로 사고하고 행동할까요? 그들은 소위 '지향성'을 지니고 있는데, 이 지향성이란 일반화된 사고방식을 말합니다.

그중 첫 번째가 '미래 지향성'입니다. 정상에 있는 사람들은 대부분의 시간 동안 미래에 관해 생각한다는 뜻입니다. 그들은 앞으로 어디로 갈 것인가에 대해 주로 생각합니다. 그런데 정상에 선 사람들은 미래에 관해 특별한 사고방식을 가지고 있습니다. 어떻게 특별하냐고요? 그들은 자신을 위한 완벽한 미래를 상상합니다. 행복한 미래를 상상하고 자신을 위한 이상적인 미래를 떠올립니다.

연습을 하나 해봅시다. 여러분에게 마술 지팡이가 있어서 이 마술 지팡이를 휘둘러 미래를 바꿀 수 있다고 합시다. 오늘부터 5년 후의 날을 하루 정해서 그날 여러분의 인생이 모든 면에서 완벽해질 것이라고 생각해 봅시다.

> 여러분의 인생이 마술 지팡이를 휘두른 것처럼
> 모든 면에서 완벽해진다면
> 어떤 모습이겠습니까?

5년 후의 완벽한 인생에서 과연 여러분은 무엇을 하고 있을까요? 인생이 완벽하다면 돈은 얼마나 있을까요? 완벽한 인생이라면 여러분은 어떤 가정이나 결혼 생활을 하고 있을까요? 어떤 집에서 살고, 어떤 차를 몰까요? 은행에는 예금이 얼마나 있을까요? 소득은 얼마나 될까요? 5년 후에는 누구랑 지내게 될까요? 5년 후라면 누구와는 함께하지 않을까요? 여러분의 인생이 모든 면에서 완벽하다면 그 모습은 과연 어떨까요?

이 질문에 대한 답이 분명하면 할수록 여러분은 더욱 빨리 그런 미래로 다가가고, 그 미래는 더욱 빨리 여러분께 다가오게 될 것입니다. 명확하게 알면 알수록 결정도 더 쉽게 내릴 수 있습니다. 여러분 인생의 미래에 대한 비전이 분명할수록 교훈도 쉽게 얻을 수 있습니다.

방향만 명확하게 알고 있으면 정확히 목표를 향해 날 수 있다

저는 어제 아침에 LA에서 비행기를 탔습니다. LA공항을 이륙하자 조종사가 안내방송을 했습니다. "승객 여러분, 이 비행기는 12시간 37분 후 서울에 착륙할 예정입니다." 12시간 37분이 걸린다면서 비행기는 출발했습니다.

여러분에게 비행기에 관한 지식이 있다면 비행기가 운항 중 99%의 시간 동안에는 궤도를 벗어나 있다는 사실을 아실 겁니다. 모든 비행기가 비행 중 99%는 항로에서 이탈해 있습니다. 그렇기 때문에 조종사들은 계속해서 비행기를 정상 궤도로 되돌아가도록 조종합니다. 바람이 비행기를 움직일 수도 있고, 기류나 구름 때문에 위 아래로 왔다 갔다 하다 보면 정확한 항로에서 벗어나 있게 됩니다.

그런데 비행기가 언제 서울에 도착했는지 아십니까? 얼마나 걸렸을까요? 12시간 37분입니다. 비행기는 LA공항을 이륙할 때 예측했던 도착 시간에 정확히 인천공항에 도착했습니다. 대부분 궤도를 벗어나 날아왔는데도 말입니다.

여러분이 미래에 대한 분명한 비전이 있고, 완벽한 미래의 모습을 알고 있다고 해도 대부분의 시간 동안은 궤도에서 벗어나 있을 겁니다. 다양한 시도와 실수도 하고 여러 교훈을 배우고 일시적인 좌절과 어려움도 겪습니다. 그런 모든 경험을 통해 궤도 밖으로 나갔다가 안으로, 다시 밖으로 다시 안으로 왔다 갔다 하면서 딱 알맞은 때에 목표를 성취하게 될 것입니다. 여러분이 방향만 분명히 알고 있다면 목표로 했던 공항에 처음 생각했던 그대로 정확히 도착할 수 있을 겁니다.

만약 대한항공 비행기를 타고 이륙했다고 가정합시다. 조종사가 안내방송을 합니다. "저희 대한항공을 이용해 주셔서 감사합니다. 우리가 어디로 갈 지는 모르지만, 한동안 여기저기 날다가 어디 괜찮은 곳이 있나 살펴보겠습니다."

"여러분이 방향만
분명히 알고 있다면
목표로 했던 공항에
처음 생각했던 그대로
정확히 도착할 수 있습니다."

이것이 바로 대부분의 사람들이 살아가는 방식입니다. 마음의 비행기를 조종하면서 정확하기만 하면 전 세계 어디든 갈 수 있지만, 그들은 방향을 모르기 때문에 다람쥐처럼 쳇바퀴만 돌고 있을 뿐입니다.

여러분은 누군가를 만나고 나서 5년 후에 다시 만났는데 그 사람의 인생이 여전히 똑같았던 경험을 몇 번이나 하셨습니까? 그들은 여전히 같은 문제로 고민하고 여전히 가난하며 직장생활에 문제가 있고, 5년이 지났는데도 변한 게 아무것도 없습니다. 그저 제자리만 맴돌고 있기 때문입니다.

자신의 완벽한 미래를 상상하라

비행기가 하늘에서 내내 제자리를 빙빙 돌기만 하면 어떻게 될까요? 연료가 떨어져서 결국 추락하고 맙니다. 비행기는 저속 비행을 할 수 없다는 거 아시죠? 제트 비행기는 최소 시속 250킬로미터를 유지해야 착륙할 수 있습니다. 속도가 그 아래로 내려가면 공중에서 돌멩이가 떨어지듯이 추락합니다. 땅을 향해 직선으로 추락하는 겁니다.

여러분이 비행기를 타면 안내방송을 합니다. "승객 여러분, 구명조끼는 좌석 밑에 마련되어 있습니다. 수상 착륙 등 비상 상황이 발생하면 비상구로 가서서 구명조끼를 착용 후 이렇게 '후우' 하고 바람을 불어 넣으십시오."

　혹시 이런 상황을 실제로 보신 적 있으신가요? 이런 일은 거의 발생하지 않습니다. 이런 경고는 50년, 100년 전의 작은 비행기 즉 프로펠러 비행기 시절에나 적용되는 비상 상황입니다. 당시에는 희박하긴 해도 수상 착륙을 할 가능성이 있었습니다. 그렇지만 요즘 제트기는 수상 착륙을 하지 않습니다. 최근의 비행기는 유리병이 호텔 꼭대기에서 주차장 콘크리트 바닥으로 곤두박질치듯 추락합니다.

　어쨌든 대부분의 사람들은 제자리를 빙빙 돌다가 연료가 떨어지거나 생을 다 허비해 버립니다. 그리고 나서 그들은 그냥 추락해 버리고 인생에서 아무것도 성취하지 못합니다. 하지만 여러분이 목적지만 명확히 알고 있으면 과녁을 향해 날아가는 화살처럼 천재가 아니더라도 목표를 향해 똑바로 정확하게 나아갈 수 있습니다.

"목적지만 명확히 알고 있으면
과녁을 향해 날아가는 화살처럼
천재가 아니더라도 목표를 향해
똑바로 정확하게 나아갈 수 있습니다."

무엇보다도 먼저 '미래 지향성'을 가지고 여러분의 완벽한 미래를 상상해 보십시오. "불가능해." "너무 어리잖아." "너무 나이가 많잖아."라고 말하는 사람들 때문에 걱정하지 마십시오. 부정적인 사람들의 말은 듣지 마십시오. 앞으로는 "다른 사람이 해냈다면 나도 할 수 있어."라고 말해야 합니다. 주변을 둘러보고 그 일을 해낸 사람을 찾아가서 조언을 구하십시오. 성공한 사람들은 무엇을 해야 할지 여러분에게 언제라도 얘기해 줍니다. 여러분도 그들이 한 대로 노력하면 얼마 안 가서 똑같은 결과를 얻을 수 있을 겁니다.

어떤 일이든 숙달되려면 적어도 5년은 걸린다

여기에 간단한 요점이 하나 있습니다. 암웨이의 리치 디보스는 이런 말도 했습니다. "암웨이 사업을 적어도 5년은 할 생각이 없다면 아예 시작하지도 말라." 그는 "어떤 새로운 사업이든 숙달되려면 5년은 걸린다."라고 말했습니다. 이는 수년에 걸친 연구결과에 기반을 둔 사실입니다. 여러분이 판매 사원이 되기로 결정한다면 그것을 마스터하는 데에 5년이 걸립니다. 변호사가 되기로 결정한다고 해도 로스쿨 졸업 후 5년은 경험을 쌓아야 성공을 거둘 수 있을 겁니다. 의사가 되기로 한 사람 역시 모든 수련을 거친 후 성공하기까지 최소한 5년은 더 일해야 합니다. 그러므로 어느 분야건 적어도 5년간 계속할 생각이 없다면 아예 시작하지 마십시오.

핵심은 '미래 지향성'을 길러서 항상 미래에 관해 생각하라는 겁니다. 누군가에게 문제가 있다면 "그래, 그렇다면 해결방법은 뭐지?"라고 미래에 관해 생각하십시오. 누가 실수를 하더라도 "이번엔 실수했지만, 다음번에는 이런 식으로 해보면 어떨까?"라고 말하는 겁니다. 언제나 미래에 관해서 생각하십시오. 미래를 생각하면 할수록 여러분의 밝기 조절 스위치가 올라가고 여러분은 행복하고 더 긍정적이며 더 많은 에너지와 창의성을 품게 되서 최상의 모습을 갖출 수 있습니다.

인생사에서 거의 모든 문제는 과거에 대해 이야기하는 사람들에게 발생합니다. 그들은 과거사에 대해 신경 쓰고, 화내거나 짜증을 냅니다. 과거에 대해 비판적이고 지나치게 과거 이야기만 계속 언급합니다. 여러분은 그렇게 되지 마십시오. 항상 미래를 생각하십시오.

ENRICHMENT LEARNING

■ 장기적인 시간 관점

하버드 대학교 에드워드 밴필드 Edward Banfield 박사는 미국의 계층 상승에 대해서 여러 해 동안 연구한 후, 성공은 주로 태도에 의해서 정해진다는 결론을 내렸다. 성공은 시간에 대한 그 사람의 태도에 의해서 결정된다는 것이다. 밴필드 박사는 이를 '시간 관점'이라고 불렀다.

성공한 사람들은 예외 없이 장기적인 시간 관점을 갖고 있었다. 그들은 장기적인 관점에서 하루, 주간 그리고 월간 활동 계획을 수립했다. 그들은 5년, 10년, 20년 후를 내다보았다. 자신의 선택이 몇 년 후 자신의 목표에 어떤 영향을 미칠 것인가를 고려하면서 자원을 배분하고 의사 결정을 했다. 반대로 실패한 사람들은 모두 단기적인 관점을 갖고 있었다. 그들은 장기적인 성공이나 성취보다는 즉각적인 만족을 원했다. 장기적인 경제적 안정이나 성공보다는 단기적인 즐거움을 추구했다. 이러한 태도 때문에 그들은 단기적인 관점에서 선택을 했고, 그것이 결국 장기적인 고통으로 이어졌다.

'시간 관점'의 발견은 성공에 관한 지금까지의 연구에서 가장 중요한 것 중의 하나다. 이것이 의미하는 바는 자신이 원하는 것을 모두 달성하려면 자신의 삶과 직업에 대해서 장기적인 관점을 가져야 한다는 사실이다. 진정으로 가치 있는 목표를 달성하려면 몇 개월 혹은 몇 년에 걸쳐 반복해서 기꺼이 대가를 지불해야 한다. 성공은 장기적인 관점을 가져야만 이룰 수 있다.

어떤 분야에서든지 성공하려면 최소한 5년 동안 그 일에 모든 것을 걸어야 한다. 어떤 일이든지 자신의 능력을 충분히 발휘하고 성취를 이루려면 5년간은 그 일에 전념할 각오가 되어 있어야 한다는 말이다.

경쟁이 심한 시장에서 자신의 상품에 정통해지고 성공하려면 많은 시간이 걸리므로 자신의 직업에 대해서 장기적인 관점을 가져야만 정상에 오를 수 있다. 장기적인 관점을 갖고 헌신하겠다는 각오를 다지게 되면 교육, 일상 업무, 고객들, 자기 자신, 지역 사회 그리고 자신이 하는 모든 일을 대하는 태도가 완전히 달라진다. 우리 사회에서 뛰어난 사람들은 누구나 자신과 자신의 삶에 대해서 장기적인 관점을 갖고 있다.

■ 미래는 유능한 사람의 것

내일을 향하는 당신에게 가장 중요한 점은 '미래는 유능한 사람의 것'이라는 사실이다. 미래는 일을 잘하는 사람의 몫이다. 당신이 뛰어난 성과를 내기 위해 최선을 다하지 않으면 무의식적으로 현실에 만족하면서 그 자리에 머물게 된다. 예전에는 경쟁에서 이기기 위해 실력이 뛰어나야 했지만, 요즘은 뛰어나지 않으면 아예 일을 계속하기 어렵다.

실제로 큰 성공을 거두려면 일만 잘해서는 안 된다. 다른 사람들에게 유능하다고 인정받아야 한다. 인지도를 높여 승진 속도를 가속화하기 위한 다섯 가지 열쇠를 소개한다.

1. 회사에서 맡은 일에 탁월한 능력을 발휘한다. 이는 승급과 승진의 기초 발판이다.

2. 겉모습, 행동, 옷차림에 유의한다. 유행, 색깔, 옷감 등에 신경 쓰고 상사의 옷차림을 참고한다.

3. 회사 안팎에서 인맥을 넓힌다. 다른 사람을 위해 자신의 시간과 노력을 어떻게 사용할지 늘 숙고한다. 그로 인해 결국 다른 사람들도 당신을 위해 시간과 노력을 아끼지 않고 투자할 것이다. 성공한 사람들은 다른 많은 성공자들을 알고 있다. 따라서 당신도 인맥을 넓히기 위해 우선 전문조직과 클럽에 가입하는 것이 필요하다.

4. 스킬 향상을 위해 꾸준히 공부하고, 그 사실을 주변에서 알 수 있도록 한다. 추천해 줄 만한 책이나 강좌가 있는지 상사에게 물어보고, 공부가 끝났을 때 상사에게 자신의 의견을 말하고 조언을 구한다. 상사는 부하직원이 노력하는 모습을 보이면 조금이라도 빨리 출세할 수 있도록 기꺼이 도울 것이다.

5. 밝고 적극적으로 행동하고 다른 사람에게 도움을 준다. 자신의 승진을 남들이 바랄 수 있는 사람이 되어야 한다. 남과 쉽게 친해질 수 있도록 친절히 대하고, 동료들을 자주 칭찬해야 한다.

결국 뛰어난 사람이 되기 위해 공을 들이고 노력하는 것이 인지도를 높여 인생의 질을 향상시키고 승진의 기회 또한 넓혀준다. 그리고 무언가를 간절히 원하면 그것은 정말로 이루어진다.

Your life only begins to become great
when you decide upon your major definite purpose
and then work on it every single day.

당신의 인생은 자신의 중요하고 명확한 목적을 결정하고,
그것을 위해 매일 노력할 때에만 대단해지기 시작한다.

To achieve all that you are capable of achieving,
you must develop a clear sense of direction.

달성 가능한 모든 것을 성취하기 위해서
당신은 명확한 방향 감각을 개발해야 한다.

Your life is too precious to waste a single minute
dwelling on the unfortunate experiences of the past.

당신의 인생은 과거의 불운한 경험을 곱씹으며
한 순간이라도 낭비하기에는 너무나 소중하다.

109

CHAPTER 12

내 인생의 10가지 명확한 목표를 적어라

성공적인 사람들의 두 번째 공통점은 바로 '목표 지향성'입니다. 정상에 있는 사람들은 목표 지향적이어서, 시간의 대부분을 자신의 목표에 관해 생각합니다. 그들은 항상 자신의 목표와 그것을 어떻게 달성할 것인지에 대해 고심합니다.

지금부터 여러분에게 목표를 설정하고 성취하기 위해 필요한 간단한 7단계 방식을 소개하겠습니다. 다른 방법들도 많이 있지만, 한 페이지 안에 기록할 수 있도록 7단계 방식을 알려 드리겠습니다.

1단계는 여러분이 무엇을 원하는지 정확히 결정하는 것입니다. 사람들은 대부분 자기가 진정으로 원하는 것을 잘 모릅니다. "돈을 더 많이 벌고 싶어."라고 말할지 모르지만, 그게 목표는 아니죠. 그저 희망사항이나 환상일 뿐입니다. "난 건강해지고 싶어."라고 해도 역시 목표가 될 수 없습니다. 이런 것들은 목표가 아닙니다. 목표란 아주 분명하고 측정 가능한 것이어야 합니다. 그러니까 일단 자신이 원하는 명확한 목표를 결정해야 합니다.

2단계는 목표를 쓰는 것입니다. 종이에 적는 겁니다. 목표를 정하고 종이에 적는 행위 자체가 그것을 달성할 가능성을 10배, 1000% 높여 줍니다. 그러니 반드시 기록하십시오.

3단계는 기한을 정하는 겁니다. 목표를 성취할 날짜를 설정하는 겁니다. 때로는 "기한을 정했는데 그때까지 목표달성을 못 하면 어쩌지?"라고 걱정하는 분도 계실 겁니다. 그런 상황이 벌어지면 걱정 말고 새로 마감을 세팅하면 됩니다. 최선을 다하면서 그렇게 계속해서 새 기한을 정해 가다 보면 결국 적절한 마감일에 이르게 됩니다.

정리하자면 첫째, '원하는 목표를 설정하라' 둘째, '명확한 목표를 적어라' 셋째, '기한을 정하라'입니다. 이렇게만 해도 여러분은 대다수의 사람들과는 구분될 수 있습니다.

4단계는 '리스트를 만들라'입니다. 목표 달성을 위해 해야 할 모든 것을 파악해서 리스트로 만드십시오. 각 단계, 활동, 행동 등 생각해 낼 수 있는 전부를 적고, 나중에 새로운 것이 떠오르면 그것 역시 목록에 포함시킵시다. 리스트가 완벽해질 때까지, 더는 아무것도 생각나지 않을 때까지 계속 쓰십시오.

5단계는 '리스트를 정리하라'입니다. 우선순위에 따라 먼저 할 일들을 정합니다. 그다음 무엇을 먼저 하고 나중에 할지 순서에 따라 정리해 보십시오. 이렇게 우선순위와 순서에 따라 정리한 리스트는 '계획'이 됩니다. 이제 여러분은 목표와 계획을 갖게 된 겁니다. 이렇게 하면 여러분은 세계 인구의 상위 3%에 속하게 됩니다. 왜냐하면 명확한 목표와 구체적인 계획이 있으니까요.

6단계는 바로 계획을 실천에 옮기는 것입니다. 어떤 단계든 하나의 행동이라도 즉시 실행해서 앞으로 움직이기 시작하세요. 공자는 '천리 길도 한걸음부터'라고 했습니다. 역사를 통해 우리는 그 어떤 위대한 목표의 성취도 다 한걸음부터 시작했다는 사실을 알고 있습니다. 그러므로 여러분이 하나하나 충분한 단계를 밟으면 이 세상의 그 어떤 목표라도 달성할 수 있습니다.

따라서 7번째 단계는 무엇이든 실행하고 매일 여러분의 목표에 대해 행동을 취하는 겁니다. 일단 목표를 정했다면, 예를 들어 소득을 두 배로 올리는 목표를 정했다면 그 방향으로 다가가기 위한 무언가를 날마다 실천하십시오. 하루도 허투루 보내지 마십시오. 일주일, 1년 365일 내내 여러분의 가장 중요한 목표에 다가갈 수 있는 무언가를 행동에 옮기십시오.

목표 성취의 7단계
1단계: 원하는 목표를 설정한다
2단계: 목표를 종이에 적는다
3단계: 기한을 정한다
4단계: 리스트를 작성한다
5단계: 우선순위와 실행순서에 따라 리스트를 정리한다
6단계: 계획을 실천에 옮긴다
7단계: 매일 목표에 대해 행동을 취한다

이렇게 할 수 있다면 여러분은 인생을 바꿀 수 있습니다. 멋진 사실이 하나 있으니 말입니다. 미래에 대한 분명한 비전이 있고, 종이에 그 목표를 적어 놓고, 매일 그 목표를 향해 나아가는 무엇인가를 실행하면, 여러분은 행복해지고 힘 있게 느끼게 되고 자부심과 자신감도 높아지고 조절 스위치가 환하게 켜집니다. 여러분은 더 낙관적이고 보다 창의적이 됩니다. 여러분의 모든 부분이 목표와 함께 더욱 향상됩니다.

대부분의 사람들이 지금 행복하지 못한 이유는 아무런 목표가 없기 때문입니다. 목적지를 모르고 비행기를 조종하는 조종사처럼 계속해서 제자리만 빙빙 돌고 있기 때문입니다.

자신의 10가지 목표를 적어라

연습을 한번 해봅시다. 아주 유익한 겁니다. 오늘이 지나기 전,
집에 돌아가 자기 전에 종이를 꺼내서 맨 위에 '목표'라고 적고,
오늘 날짜를 적으세요. 그다음 10가지 목표를 적어 보십시오. 내
년에 이루고 싶은 10가지 목표를 적으십시오. 10개보다 더 많이
적어도 괜찮지만 적어도 10개는 적으세요.

제가 여러분께 드리는 유일한 숙제가 바로 이겁니다. 그대로
하면 여러분의 인생이 분명히 달라질 겁니다.

10가지 목표 리스트를 작성하십시오.

오늘 잠자리에 들기 전에 반드시 리스트를 만들겠다고 약속하시겠
습니까? 약속할 분들은 "네."라고 말하세요. 빈말이라도 "네."라
고 대답하십시오.

저는 몇 년 전 세미나에서 500명의 여성 참가자들에게도 똑같
은 과제를 냈던 적이 있습니다. 두 달 후 그 세미나에 참석했던 한
분을 다시 만나게 되었습니다. 당시에 전국 각지에서 참가했던 사
람들이 경비 절감을 위해 두 명씩 호텔 방에 묵었기 때문에 이분도

다른 분과 같이 방을 썼다고 합니다.

그분은 제게 이렇게 말했습니다. "10가지 목표를 적고 나서 제 인생이 달라졌어요. 정말 멋진 일이죠? 적었던 목표 중 반은 이미 이루었고, 돈도 두 배로 벌고, 정말 완전히 다른 인생이 됐어요!"

그러면서 이야기를 이어갔습니다. "재미있는 얘기 하나 해드릴게요. 그날 강연을 듣고 룸메이트랑 방으로 돌아온 후 10가지 목표를 쓰겠다고 약속했으니까 적어야겠다 싶어서 저는 곧바로 종이를 꺼내 목표를 적기 시작했어요. 그런데 룸메이트가 '뭐하는 거예요?'라고 묻더라고요. 그래서 '10가지 목표를 적겠다고 강사님과 약속했잖아요. 그래서 지금 적으려고요.'라고 대답했죠. 그랬더니 그녀가 '말도 안 돼요. 그렇게 될 리가 없잖아요. 원래 이런 세미나에서 그냥 하는 말들이에요.'라고 말하는 거예요. 그래서 제가 '아니에요, 10가지 목표를 적겠다고 약속했잖아요.'라고 했더니 그녀는 '시간 낭비하지 말아요.'라고 말하더군요."

하지만 그 참가자는 "아니, 난 하겠다고 했으니까 할 거예요."라면서 결국 10가지 목표를 적었다는 겁니다. 이 이야기에서 좀 안타까운 부분은 그때 목표를 적지 않았던 룸메이트는 그 일을 그만두고 다시 카페 웨이트리스가 되었다는 사실입니다. 그러나 목표 리스트를 작성했던 분은 단 두 달 만에 인생을 바꾸고 소득을 두 배로 늘렸습니다.

일단 여러분이 10가지 목표를 적고 나면 또 한 가지 할 일이 있습니다. 작성한 목표 리스트를 보면서 이런 질문을 자신에게 던져 보시기 바랍니다.

이 목표들 중에서 내가 24시간 안에
이룰 수 있다면 내 인생에 가장 크고 긍정적인
영향을 미치게 될 한 가지는 무엇일까?
어떤 목표일까?

리스트를 쭉 살펴보신 후 그중에 한 가지 목표, 달성한다면 여러분의 인생에 가장 큰 영향을 미칠 하나를 고르십시오. 선택한 그 한 가지 목표를 다른 새 종이 위에 적습니다. 그러고 나서 기한을 정하고, 그 목표를 달성하기 위해 필요한 것들을 모두 생각해서 목록을 작성합니다. 그리고 리스트를 우선순위와 실행순서에 따라 정리합니다. 그리고 그 목표를 향해 날마다 무언가를 실천하고 행동에 옮깁니다.

제가 말씀드린 방법, 즉 10가지 목표를 적고나서 가장 중요한 목표를 택한 후 그것을 성취하기 위한 계획을 수립하고 매일 무언가를 실천한다면, 지금부터 1주일, 1개월, 1년 후 여러분의 인생은 완전히 달라지리라 확신합니다. 여러분은 예전과는 전혀 다른 사람이 될 겁니다.

이것이 제 인생을 바꿨고, 이 방식을 실천한 모든 사람들의 인생도 달라졌습니다. 오늘 자기 전에 10가지 목표를 적지 않으려고 변명거리만 궁리하지 않는 이상, 여러분도 틀림없이 바뀔 겁니다. 제가 오늘밤 여러분 댁에 확인하러 갈지도 모릅니다.

ENRICHMENT LEARNING

■ 목표 세우기

1. 큰 꿈을 꿔라

오로지 큰 꿈만이 가지고 있는 모든 잠재력이 발휘되도록 당신에게 동기를 부여하고 고무시킬 수 있다. 이때 원하는 모든 것을 성취할 수 있다고 가정하고 목표를 설정한다.

2. 목표를 현재형으로 기술하라

당신의 목표는 현재형으로, 마치 이미 실현된 것처럼 서술해야 한다. 무의식은 오직 현재형으로 서술된 명령만 받아들이기 때문이다. 부가적으로 목표를 매일 다시 기록하고, 목표에 대해 규칙적으로 확인하는 습관을 익혀야 한다.

3. 목표에 균형 감각을 유지하라

목표들은 조화로워야 하며 상충되어서는 안 된다. 바퀴가 부드럽게 돌아가기 위해 완벽한 균형을 이루어야 하는 것처럼 삶 역시 행복하며 효과적이라고 느낄 수 있도록 균형 감각을 유지해야 한다. 목표를 설정한 후 당신의 무의식은 주변사람과 여건을 당신의 삶으로 끌어들여 그 목표와 조화를 이루게 만들고, 도움이 되는 아이디어와 영감을 얻게 해준다.

4. 주요 확정 목표를 결정하라

"주요 확정 목표"란 인생에서 그 어느 것보다 중요한 하나의 목표를 의미한다. 성취하게 되면 다른 것들보다 더 많은 것을 얻을 수 있는 목표이다. 주요 확정 목표를 결정하게 되면 육체적/정신적 에너지를 한 곳에 집중할 수 있게 되며 당신의 인생에 엄청나게 긍정적인 영향을 미친다.

■ 브라이언 트레이시의 7단계 목표 설정 기법

1. A4용지에 자신이 꼭 이루어야 한다고 생각하는 것들을 적어 목표 리스트를 만든다.

2. 리스트에서 중요하지 않다고 생각되는 것부터 차례로 지운 후, 마지막 남은 것을 자신의 넘버원(No.1) 목표로 정한다.

3. 명확한 목표가 실현 가능한 것인지 생각한 후, 언제부터 목표달성을 위해 뛸 것인지와 데드라인을 오늘 결정한다.

4. 자신의 목표를 이루는데 장애요소가 될 만한 것들과 사람들을 적어 보고, 지금까지 왜 목표를 이루지 못했는지를 써 본다.

5. 목표를 이루기 위해 도움이 필요한 사람들의 리스트를 작성한 후, 그 사람들에게 어떻게 협조를 구할 것인지도 적어 본다.

6. 목표를 달성하기 위해 필요한 기술들을 적은 후, 그중 당신이 현실적으로 무엇을 개발할 수 있는지 우선순위를 자세히 써본다.

7. 목표 달성을 위해 세부적인 스케줄 표를 작성한다. 이때 정한 액션플랜은 구체적일수록 더 좋다.

■ 목표를 세우지 않는 7가지 이유

1. 삶에 진지하지 않기 때문이다. 행동보다 말이 앞선다. 대부분 성공과 더 나은 삶을 원하지만 노력은 하지 않는 경우가 많다. 중요한 것은 어떤 말을 할 때 어떤 의도가 깔려 있고 무엇을 바라는지가 아니라 무엇을 행하느냐. 진실한 가치관과 믿음은 오직 행동으로만 표현된다. 사람들에게 무엇을 할 것이라고 말하는 대신 행동으로 보여 줘라. 그러려면 삶에 진지해져라!

2. 자신의 삶을 책임질 준비가 되어 있지 않기 때문이다. 자신의 삶이 전적으로 자기 책임이라는 사실을 받아들이지 못한 사람은 아직도 제대로 목표를 세운 것이 아니다.

3. 내면 깊은 곳에 자리 잡은 죄의식과 자신이 무가치하다는 느낌 때문이다. 정신적·감정적으로 자부심이 낮아 항상 부정적인 시각으로 사물을 대하는 사람이 자신감 있게 낙관적인 태도로 장기간의 목표를 세울 수는 없다.

4. 목표의 중요성을 모르기 때문이다. 우리 주위의 대다수가 삶의 방향성 없이 살아가는 사람들이기 때문에 당신도 조심하지 않으면 그들처럼 되는 대로 살아갈 가능성이 높다.

5. 목표를 세우는 방법을 모르기 때문이다. 더 심각한 문제는 많은 사람이 자신은 이미 목표를 세우는 방법을 안다고 착각하는 데 있다. 아주 형편없는 기술을 습득한 뒤에도 기본 실력이 대단하다고 생각하는 사람은 인생에서 실패할 가능성이 대단히 높다.

6. 거절이나 비판에 대한 두려움 때문이다. 때때로 가족과 친구들은 도저히 불가능할 것 같은 사람이 되고자 한다거나 가능성 없는 일을 성취하려고 한다며 우리를 비웃었다. 주변 사람들의 이런 반응은 목표를 세우고 성취하는 태도에 오랫동안 영향을 끼친다.

7. 실패에 대한 두려움 때문이다. 이 두려움은 일단 잠재의식에 자리 잡으면 어떤 다른 부정적인 감정보다 더 우리의 희망을 마비시키고 꿈을 꺾어버린다. 사실 실패가 하는 역할은 단순하다. 실패 없이는 어떤 성공도 불가능하다. 한마디로 실패는 성공의 전제조건인 셈이다. 위대한 성공에는 항상 많은 실패가 따른다. 결국 실패에서 배운 교훈이 있기에 성공도 가능한 법이다.

■ 목표 세우기를 위한 연습문제

목표 설정은 성공의 "마스터 스킬"이다. 당신이 더 많은 목표를 세우고 그것을 향해 가면 더욱더 행복하고 성공적이 될 수 있다. 성인의 오직 3%만이 목표를 적는다. 이 소수만이 목표가 없는 사람들보다 10배 이상의 수익을 얻는다. 인생에서의 성공은 당신이 누구이고 무엇을 원하는지를 정확히 인식하고 그것을 종이에 적을 때 시작한다. 그러고 나서 그것을 성취하기 위한 계획을 세우고 당신의 계획에 대해 행동을 취하라. 마지막으로 그것이 무엇이든 당신의 중요한 목적을 향해서 날마다 무언가를 실행하라. 명확한 목표를 설정하고 항상 그것에 대해 생각하는 것은 당신의 목표 성취를 위한 모든 종류의 아이디어와 판단을 작동시킨다. 언제나 목표에 대해서 생각함으로써 당신은 더욱 긍정적이고 낙관적이 되며 자신감을 갖게 된다. 그리고 목표를 성취함에 따라서 당신은 자부심과 자존심을 높일 수 있다. 당신은 승자라고 느끼게 되고 결국에는 멈출 수 없게 된다. 이 연습 문제들을 꼼꼼히 완성하라. 이것들은 누적되어 마지막 단계에서 당신의 인생을 위한 명확한 계획을 갖게 될 것이다. 당신은 멋진 기분을 느낄 수 있을 것이다.

개인적인 성공은 두 가지 요소의 결과이다.

1) 무엇을 원하는지 정확히 알아야 한다.

2) 그것을 성취하기 위해 치러야 할 대가를 결정해야 한다.

당신의 목표에 관한 확실한 정의는 뛰어난 성과를 위해서 필수적이다.

1. 현재 당신의 인생에서 가장 중요한 세 가지 가치, 특성, 요소는 무엇인가?

   1) _____

   2) _____

   3) _____

2. 만약 복권에 당첨되어 갑자기 엄청난 현금이 생긴다면 당신은 무엇을 할 것이고, 인생을 어떻게 바꿀 것인가?

1)＿＿＿＿＿＿＿＿＿＿＿＿＿＿＿＿＿＿＿＿＿＿

2)＿＿＿＿＿＿＿＿＿＿＿＿＿＿＿＿＿＿＿＿＿＿

3)＿＿＿＿＿＿＿＿＿＿＿＿＿＿＿＿＿＿＿＿＿＿

3. 앞으로 6개월밖에 살 수 없다는 것을 알게 된다면, 당신은 무엇을 하고 어떻게 시간을 보낼 것인가?

1)＿＿＿＿＿＿＿＿＿＿＿＿＿＿＿＿＿＿＿＿＿＿

2)＿＿＿＿＿＿＿＿＿＿＿＿＿＿＿＿＿＿＿＿＿＿

3)＿＿＿＿＿＿＿＿＿＿＿＿＿＿＿＿＿＿＿＿＿＿

4. 당신이 가장 좋아하는 일은 무엇인가? 당신에게 가장 개인적인 만족감을 주는 일은 무엇인가?

1)＿＿＿＿＿＿＿＿＿＿＿＿＿＿＿＿＿＿＿＿＿＿

2)＿＿＿＿＿＿＿＿＿＿＿＿＿＿＿＿＿＿＿＿＿＿

3)＿＿＿＿＿＿＿＿＿＿＿＿＿＿＿＿＿＿＿＿＿＿

5. 당신이 항상 원해왔지만 시도하기 두려워하는 것은 무엇인가?

1)＿＿＿＿＿＿＿＿＿＿＿＿＿＿＿＿＿＿＿＿＿＿

2)＿＿＿＿＿＿＿＿＿＿＿＿＿＿＿＿＿＿＿＿＿＿

3)＿＿＿＿＿＿＿＿＿＿＿＿＿＿＿＿＿＿＿＿＿＿

6. 만약 오늘 당신의 인생에서 어떤 의미 있는 변화들을 만들 수 있다면, 그것은 무엇일까?

1) _____

2) _____

3) _____

7. 만약 절대 실패하지 않으리라는 것을 안다면 당신이 도전하길 꿈꾸는 일 한 가지는 무엇인가? 12개월 내에 당신이 성취하고 싶은 10가지 목표의 리스트를 만드시오.

1) _____

2) _____

3) _____

4) _____

5) _____

6) _____

7) _____

8) _____

9) _____

10) _____

당신의 목표 중 한 가지에서 반드시 성공이 보장된다면, 당신은 어떤 목표를 선택할까? 한 가지 중요한 목표를 선택하고 다음의 9가지 단계를 따르시오.

1. 당신의 목표를 꼼꼼하게 적어라.

   (명확하고 구체적이며 측정 가능한 목표)

   _____

   _____

2. 성취하기 위한 데드라인을 정하라.

   _____

   _____

3. 당신과 당신의 목표 사이에 있는 주된 장애물과 제한 요소들에 대한 리스트를 작성하라.

   1)_____

   2)_____

   3)_____

4. 당신의 목표를 달성하기 위해 필요한 부가적인 정보, 지식, 기술에 대해 리스트를 작성하라.

   1)_____

   2)_____

   3)_____

5. 당신의 목표를 달성하기 위해 필요한 도움과 협력을 제공할 사람들의 리스트를 작성하라.

   1)_____

   2)_____

   3)_____

6. 당신의 목표를 달성하기 위해 해야 한다고 생각할 수 있는 모든 것들을 리스트로 작성하라. 우선순위와 순서에 따라 당신의 리스트를 정리하라.

a) 우선순위: 무엇이 가장 중요한가?

b) 순서: 다른 것보다 당신이 먼저 해야만 하는 것은 무엇인가? 우선순위와 순서에 따라 정리된 리스트는 계획이 된다.

7. 당신의 계획을 수행하기 위한 책임을 부여하라. 정확히 누가 무엇을 할 것인가?(당신 자신 또는 다른 사람?)

누구?   무엇?

1)_____ 1)_____

2)_____ 2)_____

3)_____ 3)_____

8. 당신이 취하게 될 행동에 대한 기한을 정하라.

행동   기한

1)_____ 1)_____

2)_____ 2)_____

3)_____ 3)_____

9. 행동을 취하라. 지금 당장 당신이 완료할 한 가지 일은 무엇인가?

_____

_____

SUCCESS LINE

All great success in life is preceded by long, sustained periods of focused effort on a single goal.

인생의 모든 위대한 성공은 길고 지속적인 기간 동안 하나의 목표에 노력을 집중함으로써 존재한다.

A goal that is not achieved is merely a problem that has not yet been solved.

달성되지 못한 목표는 단지 아직 해결되지 않은 문제일 뿐이다.

126

CHAPTER 13

자기 분야에서 최고가 되겠다고 결심하라

마지막으로 설명할 지향성은 '최고 지향성'입니다. 최고 지향성이란 성공을 위해서는 자신의 분야에서 반드시 베스트가 되어야 함을 뜻합니다. 여러분이 어떤 직업을 가졌든 그 일에서 최고가 되겠다고 결심해야 합니다.

제가 "베스트가 되거나 최고를 지향하라."라고 하면 여러분이 종사하는 업종에서 상위 10%에 속하라는 의미입니다. 소득 기준으로 상위 10%입니다. 상위 10%가 얼마를 버는지는 알아낼 수 있겠죠? 여러분은 이미 사고방식 면에서는 상위 10%에 속하며 그것이 가장 중요하다는 사실을 기억하세요. 앞으로는 항상 최고를 지향하며 상위 10% 그룹에 속하겠다고 결심하십시오.

저에겐 이것이 중요한 문제였습니다. 크면서 저는 공부도 잘 못했고, 운동에도 소질이 없었고, 친구도 거의 없었습니다. 성인이 되고 나서는 셀 수 없을 만큼 많은 해고를 당했습니다. '최고'라는 개념 자체가 너무 멀고 거창하게 느껴졌습니다. 그래서 저는 제가 잘 되기에 충분하다거나 어떤 분야에서 최고가 될 수 있다고 믿지 않았습니다. 항상 망설이면서 시도하지 않는 변명거리만 만들어 냈습니다.

그러던 어느 날 제 인생을 바꾼 무언가를 깨닫게 되었습니다. 상위 10%에 속하는 사람들 대부분이 하위 10% 그룹에서 시작했다는 사실을 알게 된 것입니다. 현재 잘하고 있는 사람들조차 처음에는 서툴렀습니다. 지금 여러분이 일하는 분야에서 정상에 있는 사람들도 한때는 그 분야에서 일하지 않았습니다. 그러니까 다른 누군가가 해낸 일이라면 여러분도 그렇게 할 수 있습니다. 이 사실을 인식하고 나서 제 인생이 달라졌습니다. 저는 최고가 되겠다고 일단 결심하면 도중에 그만두지 않고 절대 포기하지 않는 한 최고가 될 수 있다는 것을 배웠습니다.

여기에 여러분의 인생과 미래를 바꿀 수 있는 방법이 있습니다. 스스로 자문해 보십시오. 여러분이 개발하고 실행하면 다른 그 어떤 기술보다도 소득을 두 배로 만드는 데 도움이 될 수 있는 기술 한 가지는 무엇일까요?

그것이 무엇이든지 그것을 목표로 적고, 그 분야에서 최고가 되기 위한 시한을 정하십시오.

> 성공을 위해 내게 필요한 모든 기술 중에서
> 가장 큰 도움이 될 기술은 무엇일까?
> 어떤 기술을 최고 수준으로 끌어올리면
> 내가 상위 10%에 속하는 데에 가장 큰 도움이 될까?

그런 다음 그 목표를 달성하기 위해 할 모든 일들을 리스트로 작성하고, 그 리스트를 계획으로 정리하고, 계획에 따라 행동을 취하고, 그 부분에서 최고가 될 때까지 날마다 무언가를 실행하십시오.

가장 도움이 되는 방법을 자문하라

그 누구도 여러분보다 더 낫거나 똑똑한 사람은 없다는 걸 명심하십시오. 누군가가 어떤 분야에서 최고라면 여러분도 그 분야에서 최고가 될 수 있습니다.

이제 두 가지 아주 중요한 사실을 말씀 드리겠습니다. 이 중에 운전하시는 분들 계십니까? 자전거 탈 줄 아십니까? 컴퓨터나 스마트폰 사용법을 아십니까? 예, 좋습니다. 이런 것들을 할 줄 아신다면 여러분은 그 어떤 비즈니스 기술이든 다 배울 수 있습니다. 비즈니스 기술은 특별한 신체능력을 요하는 운동이나 특별한 재능을 필요로 하는 음악 등 예술 분야와는 다릅니다. 비즈니스 기술은 학습 가능합니다. 모든 비즈니스 기술은 누구나 배울 수 있습니다. 누구나 자전거 타는 법을 배울 수 있죠? 누구든 자동차 운전법도 배울 수 있습니다. 마찬가지로 누구나 어떤 비즈니스 기술이든 배울 수 있습니다. 모든 비즈니스 기술은 학습 가능합니다. 그리고 그 누구도 여러분보다 더 낫거나 똑똑한 사람은 없습니다.

이제 두 번째 핵심입니다. 여러분은 소득을 두 배로 늘리는 데 딱 한 가지 기술이 모자라는 것일 수 있습니다. 그리고 아마 여러분은 그것이 무엇인지 알고 계실 겁니다. 그래서 이렇게 자문해 보라는 겁니다. "정말 잘 익힌다면 어떤 기술 하나가 소득을 두 배로 만드는 데 가장 큰 도움이 될까?"

판매의 핵심 7가지

우리는 모두 사업가이기 때문에 결국 다 세일즈 비즈니스를 한다는 뜻이 됩니다. 매일 세일즈를 하고 있습니다. 우리는 자기 자신을 판매하고, 우리 아이디어를 판매하며 다른 사람들에게 영향을 주려고 노력합니다. 누군가 "난 세일즈 하는 사람이 아니야."라고 말한다면 인간은 모두 세일즈를 한다는 사실을 이해하지 못하고 있는 겁니다.

여기 자녀가 있는 분들이 얼마나 계신가요? 밤에 아이들을 잠자리에 들게 하려고 애썼던 적 있으십니까? 네, 그때 세일즈가 필요한가요? 아이들을 침대에 눕게 하려면 엄청난 설득 기술이 요구됩니다. 제가 네 아이를 둬서 잘 알고 있습니다.

세일즈는 7가지 부분으로 이루어지는데, 이 7가지 부분이 대부분 여러분 인생에서 벌어지는 모든 일들을 결정합니다. 여러분 자신에게 판매의 7가지 핵심 부문에 대해 1점에서 10점까지 점수를 매겨 보십시오.

세일즈의 7가지 핵심 부문	
항목	점수
가망고객 발굴	
우정과 신뢰 쌓기	
문제점 확인 및 욕구 파악	
해결안 제시	
질문/이의사항 대응	
판매 마무리	
재판매 및 소개 받기	

첫째, '가망고객 발굴'입니다. 세일즈를 할 때 많은 사람들에게 이야기하고 더 많은 것을 시도하고 가망고객 발굴을 잘하신다면 여러분은 큰 성공을 거둘 겁니다. 그렇게 하면 매출도 올라가고 더 많은 사람들을 모집할 것이고 비즈니스가 성공할 테니까요. 이것이 첫 번째 부문입니다. 자신에게 최저 점수는 1점, 만점은 10점으로 점수를 매기세요. 10점은 가망고객 발굴 실력이 정말 최고라는 것이고, 1점은 개선할 점이 많다는 뜻입니다.

두 번째는 '다른 사람들과 우정과 신뢰 쌓기'입니다. 사람은 감정의 동물이라는 점을 기억하십시오. 사람들이 여러분을 좋아하고 긍정적으로 생각해야만 여러분의 말에 귀를 기울일 것입니다.

자기 자신을 좋아하면 할수록 다른 사람들도 여러분에게 더 호감을 가질 겁니다.

그러면 1~10점까지 점수를 매겨보세요. 여러분은 만나는 사람들을 모두 좋아하고 그래서 그들도 여러분을 좋아하게 만드는 성격입니까?

세 번째는 '문제점 확인 및 욕구 파악'입니다. 질문을 던져서 그들이 인생에서 이루고자 하는 것이 무엇인지를 알아내는 겁니다. 그들이 진정으로 원하는 것은 무엇이고, 그들의 목표는 무엇일까요? 여러분이 파는 상품에 대한 그들의 기대와 꿈은 무엇입니까? 그들이 원하는 바를 분명하게 파악하고 나면 그들에게 여러분의 제품과 서비스를 보여주는 일이 훨씬 더 쉬워집니다.

네 번째는 '해결안 제시'입니다. 프레젠테이션을 할 때 대부분의 판매가 이루어집니다. 여러분이 고객에게 제시하는 물건이 딴 곳에서 찾을 수 있는 다른 물건들보다 그들의 욕구를 더 잘 충족시켜 준다는 사실을 보여 주는 것입니다. 결국 판매의 핵심은 고객의 욕구를 잘 파악해서 여러분이 파는 물건과 서비스가 그것을 얻는 데에 도움이 된다는 점을 제시하는 것입니다.

다섯 번째는 '질문이나 이의 사항에 대응하기'입니다. 잠재 고객이라면 누구나 이의 사항을 가질 수 있으므로 이에 대응하는 법을 배워야 합니다. 그러면 1~10점까지 평가해 보십시오. 10점은 질문에 아주 명확히 답하는 경우이고, 1점은 아주 미숙한 경우입니다.

여섯 번째는 '판매 마무리'나 고객이 행동을 취하도록 하는 겁니다. 대나수가 다른 사람과 비즈니스에 대해 대화를 나누는 것도 판매와 동일하다고 생각합니다. 그런데 아닙니다! 다른 사람이 행동을 취하겠다고 확실한 약속을 해야만 비로소 판매가 성사된 것입니다. 행동에 대한 약속이 모든 활동의 마지막이라는 것을 기억하십시오. 즉 여러분의 목적은 다른 사람들이 행동을 취하도록 하는 것입니다.

끝으로 일곱 번째는 '재판매 및 소개 받기'입니다. 고객에게 좋은 서비스와 지원을 제공해서 제품을 더 많이 사게 할 뿐 아니라 그들이 다른 사람들에게도 비즈니스를 추천하도록 하는 것입니다. 즉 그들이 다른 사람들에게 여러분의 제품과 서비스를 소개하는 겁니다.

그러면 1점부터 10점까지 자기 자신을 평가해 보고, "가장 취약한 기술은 무엇일까?"를 자문해 보십시오. 왜냐하면 핵심 기술에서 가장 취약한 부분이 여러분 소득의 상한선을 설정하기 때문입니다. 여러분의 비즈니스에서 가장 취약한 핵심 기술이 무엇인지에 따라 얼마를 벌지가 결정됩니다.

ENRICHMENT LEARNING

■ 자신의 강점 찾기

당신의 강점은 다른 사람들로부터 당신을 두드러지게 만든다. 그것은 흡사 지문처럼 당신만의 독특한 특징이 된다. 다음의 질문은 강점 찾기에 도움이 될 것이다.

1. 당신은 현재 어떤 직업을 갖고 있는가?
2. 어떤 분야에서 경험을 쌓은 적이 있는가?

3. 당신이 가장 즐겨 하는 것은 무엇인가(직업, 개인생활 등)?

4. 당신이 싫어하는 일은 무엇인가?

5. 지금까지 당신이 달성한 커다란 성공으로는 무엇이 있는가?

6. 당신만의 독특한 점은 무엇인가?

7. 가족, 친구, 동료 등은 당신의 어떤 점을 높이 평가하는가?

■ 최상의 성과를 가져오기 위한 7단계 설계

자신의 강점을 집중적으로 충분히 투입하면 최고의 성과를 가져올 수 있다. 모든 것을 다 할 줄 아는 사람이 되기보다는 당신이 최고가 될 수 있는 분야가 무엇인지 알아내고 그것에 집중하라. 큰 성공은 항상 힘을 집중하는 데서 기인한다. 자신의 강점을 충분히 활용하고 자신의 최고 능력을 전문화하는 사람만이 성공을 경험할 수 있다. 여기저기에 보통 사람으로 섞여 있지 말고 자신만의 분야에서 최고가 되라.

1. 자신만의 강점이 무엇인지 찾는다.

2. 그것을 활용할 수 있는 최상의 방법이 무엇인지 찾아낸다.

3. 명확한 목표를 설정한다.

4. 목표에 관해 초안과 활동계획을 세운다.

5. 당신이 가는 길에 방해가 될 수 있는 문제점들을 제거한다.

6. 당신을 지원해 줄 수 있는 파트너나 멘토를 찾는다.

7. 당신의 욕구를 지속적으로 충족시킬 수 있는 방법을 생각해 본다.

■ 목표 달성의 키는 설득하는 능력

자신의 힘만으로는 평생이 걸려도 인생에서 한정된 결과밖에 얻을 수 없다. 남을 설득해 지원과 협력을 얻을 수 있다면, 불필요한 노력을 생략할 수 있다. 즉 설득력의 소지 여부가 목표 달성의 관건이 된다. 설득력이 있으면 다른 어떤 힘보다 자신이 바라는 것을 좀 더 빠르게 많이 획득할 수 있다. 설득력이 있으면 고객, 상사, 동료, 친구의 지지와 존경을 받을 수 있다. 또한 타인에게 원하는 일을 하도록 유도하는 능력이 있으면 직장과 사회에서 중요한 인물로 대접 받을 수 있다. 설득력은 또한 리더십의 진정한 증거라고 할 수 있다. 왜냐하면 유능한 사람은 다른 이들에게 자신을 위해 일하도록 유도해 목표를 성취하는 기술을 갖고 있기 때문이다.

설득력의 열쇠는 다른 사람에게 동기를 부여해 의욕을 불러일으키는 데에 있다. 모든 인간의 행동은 어떤 자극이 동기가 되므로 일의 동기가 무엇인지를 찾아내 그 동기를 사람들에게 부여해야 한다. 결국 인간이 무엇을 바라고, 무엇을 얻기 위해 자발적으로 행동하는지를 찾아내는 것이 중요하다.

설득에서 가장 강력한 말은 '요구'이다. 자신감과 기대감을 갖고 정중하게 요구해야 한다. 상대가 호감을 가질 수 있는 목소리와 친근감이 느껴지는 얼굴로 요구해야 한다. 타인이 기분 좋게 검토할 수 있도록 요구해야 한다. 남을 설득하려면 어떤 경우라도 목표 달성에 힘을 보태달라고 모든 지혜를 짜내 부탁하고 요구하는 것이 기본이다.

SUCCESS LINE

Trust is the glue that holds all relationships together.

신뢰는 모든 관계를 함께 결합시키는 접착제이다.

Successful people think differently from unsuccessful people.

성공한 사람들은 실패한 사람들과 다르게 생각한다.

It is only when you are doing the one thing that is most important, and you are doing it quickly and well, that you will be able to shoot ahead in your career.

당신이 가장 중요한 한 가지 일을 하고 그것을 빠르게 잘 하고 있을 때만 당신의 경력에서 앞서 나갈 수 있을 것이다.

CHAPTER 14

자신의 가장 취약한 부분을 개선하라

간단한 질문을 해보겠습니다. 아이들 여러 명이 함께 걸어갈 때 걷는 속도는 어느 아이가 결정합니까? 맞습니다. '가장 느린 아이가 결정한다.'가 답입니다. 모두 가장 느린 아이에게 맞춰 천천히 걸어야 합니다.

즉, 여러분의 커리어에서는 가장 취약한 부분이 '가장 느린 아이'가 됩니다. 가장 취약한 부분이 다른 모든 목표를 성취하는 속도를 결정하는 것입니다. 따라서 자신의 가장 취약한 기술을 개선하는 것이 본인에게 제일 큰 도움이 된다는 사실을 깨달아야 합니다. 가장 취약한 부분을 개선하면 다른 무엇보다 목표를 향해 속도를 올릴 수 있기 때문입니다. 이제 여러분이 자신의 가장 취약한 부분을 파악해서 일주일, 한 달, 그리고 일 년 동안 줄곧 노력하기 시작한다면 궁극적으로 그 기술을 마스터할 수 있을 겁니다.

"살아가면서 가장 취약한 부분을
끊임없이 파악해야 합니다.
그렇게 하면 다른 그 어떤 전략을
이용하는 것보다 더 빠르게 경쟁에서
앞서 나갈 수 있습니다."

그다음에는 무엇을 해야 할까요? 다음 단계는 무엇일까요? '내가 가장 취약한 부분은 무엇일까?'를 또 생각해서 그 부분을 위해 노력하는 것이 다음 단계입니다. 계속 커리어를 쌓아가면서 한 번에 한 가지씩 향상시키기 위해 전력을 다하는 겁니다. 분명히 자신에게 다른 부분보다 더 많은 도움이 되는 한 가지 부분은 언제나 있을 겁니다. 앞으로 살아가면서 가장 취약한 부문을 끊임없이 파악해야 합니다. 그렇게 하면 다른 그 어떤 전략을 이용하는 것보다 더 빠르게 경쟁에서 앞서 나갈 수 있습니다.

사회에서 성공하려면 여러분의 일에서
가장 중요한 부분을 최고로 잘할 수 있어야 합니다.
여러분의 소득이 두 배가 되기까지
한 가지 기술만이 부족한 것일 수도 있습니다.

가장 중요한 것은 실천 지향성이다

마지막 지향성은 '실천 지향성'입니다. 처음에도 말씀드렸고 도중
에도 했고, 끝으로 지금 또 말씀드립니다. 모든 것 중에 가장 중요
한 지향성은 바로 실천 지향성입니다.

여러분이 행동을 취하면 취할수록 더 많은 에너지를 갖게 됩
니다. 그리고 행동을 하면 할수록 더 많은 경험을 얻습니다. 경험
이 많을수록 더 많이 배웁니다. 더 많이 배울수록 모든 행동을 통
해 더 나은 결과를 얻을 수 있습니다. 이렇게 해서 여러분의 인생
은 상향 곡선을 그리게 됩니다. 더 많은 시도를 하고 더 오래 견디
고 쉼 없이 노력하면서 절대 포기하지 않고 계속 목표를 향해 나가
면, 여러분의 인생이 점점 더 빨리 전진하게 되는 겁니다.

이 말씀을 드리면서 마무리하겠습니다. 처음에 제가 한국은
이제 인류 역사상 가장 좋은 시기로 진입하고 있다고 언급했었죠?
한국 역사상 그 어떤 시기에도 없었던 더 많은 기회와 가능성들이
여러분을 위해 오늘, 내일, 그리고 앞으로 펼쳐질 것입니다. 여기

에 계신 여러분 모두가 진정으로 원한다면 경제적으로 독립을 이룰 수 있습니다. 여러분이 그것을 목표로 정하고 계획을 수립한 후 매일 노력하고 절대 포기하지만 않으면 됩니다. 지금까지 경청해 주셔서 감사합니다.

ENRICHMENT LEARNING

■ 핵심 성공 요인에서 취약한 요인을 파악하라

세상에서 일어나는 모든 일은 인과의 법칙에 따른다. 어떤 일이 벌어지는 것은 모두 이유가 있다. 결코 우연히 일어나는 일은 없다. 성공은 특정한 원인의 결과이고 실패 또한 그렇다. 개인적 그리고 사업적인 성공 분야에서 가장 커다란 업적 중의 하나는 '핵심 성공 요인'의 발견이다.

기업 혹은 개인의 성공과 실패 여부를 결정하는 것이 바로 핵심 성공 요인이다. 어느 한 요인에서라도 성과가 낮으면 기업 전체에 엄청난 피해를 줄 수 있다. 사업 혹은 업무에 문제가 있을 경우 대부분 이들 요인 중 하나에 취약점이 있다. 핵심 성공 요인들 하나하나를 뛰어나게 잘 할 수 있어야 다른 분야의 기술과 능력도 충분히 발휘할 수 있다.

핵심 성공 요인이라는 아이디어는 폭넓게 적용될 수 있는데 사업, 가정, 결혼, 건강, 경제적 성공 등에도 핵심 성공 요인이 있다.

이 중에서 어느 분야라도 뛰어나려면 그 분야의 핵심 성공 요인을 찾아내어 자신이 각각의 요인에서 어느 정도인지 1에서 10점까지로 냉정히 평가한 후, 뒤처진 요인들에서 어떻게 점수를 높일 지에 대한 계획을 수립해야 한다. 핵심 성공 요인에서는 어느 한 요인이라도 능력이 떨어져서는 안 된다.

핵심 성공 요인에서 가장 중요한 포인트는 취약한 요인이 다른 모든 재능과 능력을 활용할 수 있는 수준을 결정한다는 사실이다.

예를 들어 다른 모든 요인에서는 7점 이상인데, 단 한 가지 요인은 3점이라고 하자. 그러면 그 3점이 다른 모든 능력을 활용할 수 있는 수준을 결정하고 수입의 한계를 설정한다.

즉 가장 취약한 요인이 다른 모든 활동에서의 성공 여부에 영향을 미치는 것이다.

■ 성공을 가져오는 시간 관리법

자신의 분야에서 탁월한 성과를 올리고 스스로 설정한 목표를 성취하기 위해 앞서 나가는 가장 빠른 방법은 시간을 잘 활용하는 법을 배우는 것이다.

1. 앞으로 평생 동안 배우는 일에 전념할 것을 지금 당장 결심한다. 현재 하고 있는 일에서 최고가 되기 위해 필요하다면 돈이 얼마나 들든, 시간이 얼마나 소요되든 상관하지 않고 투자하겠다고 결심한다.

2. 업무를 더욱 효과적으로 하는데 도움이 되는 서적들로 개인 서재를 만든다. 매일 새로운 것을 배우기 위해 시간을 투자한다.

3. 지금부터 교통수단으로 이동 시엔 오디오 프로그램을 듣는다. 이 습관 하나가 자기 분야에서 가장 학식 높고 최고 보수를 받는 사람으로 성장시켜 준다.

4. 발표력을 향상시키는 강좌를 수강해 대중에게 효과적이고 설득력 있게 이야기하는 법을 익힌다. 이 기술은 당신에게 수많은 기회의 문을 열어줄 것이다.

5. 속독법을 배워 더욱 효율적인 독서를 한다. 이는 당신이 익힐 수 있는 기본적인 기술이며 동시에 여생 동안 활용할 수 있다.

6. 자신의 직업과 비즈니스를 반겨주는 사업자 모임에 참여한다. 적극적으로 참가해 도움을 제공하고 인적 네트워크를 구축한다.

7. 일정보다 최소한 1시간 이상 일찍 일어나 그 '황금 시간'을 자신에게 투자한다. 하루를 준비하는데 도움이 될 수 있고, 그 시간 동안 성장에 도움이 되는 교육적인 자료 등을 읽는다.

연습의 법칙　Law of Practice

연습의 법칙은 생각이나 행동은 충분히 반복하면 새로운 습관으로 굳어질 수 있다는 것을 뜻한다. 따라서 당신은 원하거나 필요하다고 생각하는 어떤 습관도 계발할 수 있다. 우리의 말과 행동을 새로운 습관과 계속해서 일치하도록 훈련할 수 있다면 당신이 원하는 사람이 될 수 있다. 이것이야말로 더 나은 사람이 되는 가장 확실한 방법이다.

외부세계는 내면세계와 상응하므로 올바른 방식으로 생각하고 행동하도록 노력하면 주변 상황과 대인관계가 그에 따라 변화하기 시작할 것이다.

SUCCESS LINE

**It is not what you say or wish or hope or intend
that counts. It is only what you do.**

당신이 무엇을 말하는지, 바라는지, 희망하는지,
의도하는지는 중요하지 않다.
오직 당신이 무엇을 하는지가 중요하다.

**Winning by a nose can make an enormous
difference to your career.**

근소한 차로 이기는 것은 당신의 경력에 엄청난
변화를 가져올 수 있다.

**The more things you do and try, and the faster
you do and try them, the more energy
and enthusiasm you will have and
the more you will achieve.**

당신이 더 많은 것을 하고 시도하고, 더 빨리 하고
시도할수록 더 많은 에너지와 열정을 지니게 될 것이며
더 많이 성취할 수 있을 것이다.

SUPPLEMENT

행복과 성공의 기초가 되는
마음의 법칙들

인력의 법칙   Law of Practice

인간은 살아 있는 자석이므로 항상 자신을 지배하는 생각과 일치하는 사람을 자신의 삶으로 끌어들인다. 그리고 삶에서 일어나는 모든 일은 우리의 인격, 특히 생각 때문에 발생한다. 우리는 의식보다는 습관적으로 하는 사고방식 때문에 친구나 지인들, 가족들과 인간관계를 맺고 직업을 얻으며 기회를 부여 받는다. 긍정적이든 부정적이든 자신을 둘러싼 모든 세계는 스스로 만든 것이므로 어떤 생각에 더 많은 감정을 이입할수록 그 생각과 비슷한 사람이나 상황을 쉽게 찾아낼 수 있다. 즉 우리에게 도움이 될 수 있는 아이디어와 기회, 자원이 나타나는 것이다.

인과응보의 법칙   Law of Sowing and Reaping

옛말에 선을 행하면 선의 결과가 오고 악을 행하면 악의 결과가 반드시 뒤따른다고 했듯이, 이 세상은 항상 내가 한 일과 똑같은 방법으로 보상받거나 대가를 지불해야 한다. 종교적 색채가 강한 말 같지만 실상은 만고불변의 진리를 포함한 금언이며, 역사가 만들어 준 교훈이다. 성공을 위해 수단과 방법을 가리지 않는 것이 얼마나 위험하고 부질없는지를 새삼 일깨워 주는 삶의 기본 법칙이다.

우회노력의 법칙   Law of Indirect Effect

다른 사람으로부터 원하는 것을 얻을 때는 직접적으로보다는 간접적으로 얻는 경우가 많다는 법칙이다. 다른 사람이 우리를 직접 돕거나 협조하게 만들려고 섣부른 시도를 했다가 자신은 우스운 사람이 되고, 타인을 뒷걸음치게 만드는 경우가 많다.

그러나 우회 노력을 법칙을 활용하면 수월하게 성공할 수 있다. 예를 들어 더 많은 친구를 사귀려면 남들에게 좋은 친구가 되도록 노력하기만 하면 된다. 그들의 일에 관심을 갖고 그들이 말하고 싶어 하는 주제에 관해 질문하고 대답을 경청한다. 그것이 단지 옆에 있어 주는 것에 지나지 않더라도 상대에게 공감하고 도울 방법을 찾는다. 지금의 친구들에게 좋은 친구가 될수록 더 많은 친구들이 새롭게 생길 것이다.

다른 사람에게 좋은 인상을 심어주기 원한다면 간접적 방식이 최선이다. 다른 사람들이 저절로 좋은 인상을 받도록 하면 된다. 새로운 사람을 알게 되었다면 그의 장점을 찾아내 칭찬하고 무슨 일을 하는지 물어보면서 그 계통은 어떻게 돌아가고 있는지 질문하라. 그리고 대답에 귀를 기울이면서 관심을 나타내고 업적을 축하하면 상대방은 우리에 대해 좋은 인상을 갖게 된다.

무엇이든 감동받은 만큼 사랑을 담아 말과 행동으로 표현할수록 상대방은 나에게 더 많은 것을 조건 없이 베풀어 준다는 법칙이다. 다른 사람이 한 어떤 일에 감사와 고마움을 표현할 때마다 우리는 상대방이 스스로 더 가치 있고 유능하고 소중하다고 느끼게끔 도와주는 셈이다.

감사의 표시를 하는 것은 간단히 "고맙습니다."라고 말하면 된다. 여기에는 엄청난 힘이 있어서 이 말을 할 때마다 상대방의 자부심이 높아진다. 고맙다는 말은 상대방의 행동을 보상하고 또 그의 행동을 더 강화해 같은 일을 반복할 가능성을 높인다. 작은 일에도 "고맙습니다."라고 말하면 상대방은 우리를 위해 더 큰 일을 해줄 것이다.

배우자나 가족들에게 고맙다는 말을 할수록 상대방은 그만큼 더 긍정적으로 바뀌고 행복해진다. 그리고 우리가 고마워했던 그 일을 더욱 열심히 하게 된다.

온종일 자신에게 무언가를 해준 사람들에게 고맙다고 말하고 시간을 투자해 자신을 만나준 사람들에게 고마움을 표현하고, 우리가 떠올릴 수 있는 모든 것에서 상대방에게 감사하자.

용서의 법칙 Law of Forgiveness

나도 많은 잘못을 할 수 있는 존재이기 때문에 남을 쉽게 용서할 수 있어야 하며 나에 대한 비난과 비평쯤은 빨리 잊고 내 길로 나아갈 수 있어야 정신적으로 건강해진다는 법칙이다. 죄책감과 분노, 부정적인 감정의 근원에는 용서하는 능력의 결여가 자리 잡고 있다. 자신에게 상처를 주었다고 생각되는 사람들에게 원한과 분노를 계속 품으면 마음에서 오는 질병의 주요 원인이 되고 만다. 우리는 모두 다른 사람과 관계를 맺고 살아가며 서로 상처를 주고받으면서 살아가기 마련인데, 다른 사람에게 보이는 부정적인 감정 보다는 멋진 인생을 살고 훌륭한 인품을 계발해 성공을 이루는 사람이 되고 싶다는 바람을 우선시해야 한다.

진정으로 행복하고 건강하고 완전히 자유로운 사람이 되고 싶다면 꾸준히 연습하여 용서하는 능력을 반드시 몸에 익혀야 한다. 용서를 하면 지금까지 잠재의식에 부정적인 감정을 불러 넣었던 모든 죄책감과 분노, 원한이 완전히 씻겨 내려가기 시작하고, 항상 용서하는 사람이 되고자 실천하다 보면 더욱 자문하고 친절하며 낙관직인 사람으로 변모해 갈 것이다.

보상의 법칙　Law of Compensation

항상 내가 하는 일과 했던 것만큼 같은 방법으로 보상 받는다. 타인에게 조건 없이 줄수록 더 많이 받게 된다. 다른 사람을 위해 좋은 일을 하면 할수록 다른 사람들 역시 나를 위해 좋은 일을 더 많이 해준다. 다른 사람이 당신에게 협력하게 만들기 위해서 당신은 그들의 주파수에 맞출 수 있어야 한다. 일단 그들이 필요로 하는 것을 먼저 제공하라. 상인이라면 고객이 필요로 하는 것이 무엇인지 항상 생각할 수 있어야 하며, 회사원이라면 사장이 필요로 하는 것이 무엇인지를 항상 생각할 수 있어야 한다. 그들의 협조를 얻기 위해서 나는 그에 상응하는 어떤 것을 제공해야 하는가?

보답의 법칙　Law of Reciprocity

타인에게 조건 없이 행한 선행만큼 보답이 돌아온다는 법칙이다. 사람의 마음속에서는 공평하고자 하는 내적 동기가 있다. 즉 해롭게 했든 이롭게 했든 간에 자신에게 한 그대로 돌려주려고 한다. 어떤 분야에서 가장 성공한 사람은 다른 사람이 목표를 성취할 수 있도록 가장 많은 도움을 준 덕분에 그 위치에 오른 것이다. 성공은 자기 혼자의 힘만으로는 불가능하므로 여러 뜻있는 사람의 도움과 참여가 있어야 가능하며 조건 없이 도와준 사람들에게 보답하는 것이야말로 진정으로 성공의 결실을 나누는 의미 있는 일이다.

보상이상의 법칙   Law of Overcompensation

항상 자신이 받는 것보다 더 많이 줄 때 작동하는 법칙이다. 성공한 사람은 늘 남들이 그에게 기대한 것 이상의 특별 서비스를 제공한다. 사장, 회사, 고객, 가족 등 대상이 누구든 마찬가지로, 기회가 있을 때마다 다른 사람을 도와주면 그들도 언젠가는 당신에게 필요한 도움을 줄 것이다. 우리는 다른 사람에게 기여한 만큼 보상받으므로 열심히 일하고 남에게 도움을 주며 공정하게 대한다면 그들의 존경과, 부, 보상을 되돌려 받게 된다. 그런데 그 보상의 질과 양을 늘리고 싶다면 우리가 제공하는 서비스의 질과 양을 높여야 한다. 항상 받는 것보다 더 베풀면 어느 때엔가 지금보다도 더 많이 받게 될 것이다.

용불용설의 법칙   Law of Use

용불용설의 법칙에 따르면 나의 정신적 능력이나 신체적 능력은 사용하지 않으면 퇴화한다. 반면에 그 능력은 사용할수록 커지고 우리가 원하는 대로 구사할 수 있게 된다. 살아가면서 난관에 부딪힐 때마다 이 법칙을 떠올리면서 더욱 자신의 능력 개발에 매진하고 그 힘을 활용하는 습관을 길러야 한다. 그러면 날이 갈수록 더 신속하고 효율적으로 우리가 원하는 것을 손에 넣어 성공을 향해 한 걸음 더 다가갈 수 있다.

이완의 법칙　Law of Relaxation

정신적인 일에서는 무리하게 열심히 노력하는 것보다, 때론 정신적 이완이 성공을 돕는데 효율적이다. 정신세계에서는 강박적인 노력이 종종 역효과를 낸다는 뜻이다. 마음의 여유를 갖고 문제를 슈퍼의식의 작용에 맡길 때 문제 해결 시간이 더 단축된다. 슈퍼의식을 자극하는 몇 가지 방법으로는 클래식 음악듣기, 산이나 공원 등 자연 속에서 산책하기 또는 조용한 곳에 가만히 앉아서 쉬거나 명상하기, 그리고 자신의 마음을 수시로 떠오르는 영감과 아이디어, 직감에 맡겨 놓는 방법 등이 있는데, 수많은 비용과 수 년 간의 노력을 절약하는 효과를 낳을 수 있다.

축적의 법칙　Law of Accumulation

업적은 누구도 보지 않고 감사하지도 않는 작은 노력이 수백, 수천가지 쌓인 것이다. 이 법칙의 변형이 부수적 발전 법칙이다. 인간은 거의 깨닫지 못할 정도로 아주 조금씩 성장하는데, 모든 면에서 부수적으로 발전한다는 뜻이다. 보통은 몇 주, 몇 개월, 몇 년의 공부와 노력 끝에 한 분야를 마스터할 수 있다. 실력이 향상되더라도 눈에 보이지 않으므로 어느 정도인지 알 수는 없다. 그러나 행복한 인생, 만족스런 커리어, 주위 사람의 존경과 평가라는 형태로 그 결과가 나타난다.

통제의 법칙 Law of Control

자신의 삶을 타인이 아닌 자신이 통제한다고 생각하면 스스로에 대해 그 만큼 긍정적인 느낌을 갖게 되고, 스스로 통제하지 못하고 외부의 힘이나 사람에게 통제 받는다고 생각하면 그만큼 자기 자신에게 부정적인 느낌을 갖게 된다는 것이다. 일반적으로 스트레스나 걱정과 불안, 긴장 등이 원인으로 발생한 질병은 자신이 삶의 중요한 영역을 제어할 수 없다고 느끼거나 스스로 감정에 사로 잡혀 있는 경우와 실제로 제어하지 못할 때 초래되는 결과들이다. 그러므로 특정 상황을 생각하는 방식이 우리 느낌과 생각을 결정하고 그것은 다시 우리 행동과 사고를 결정한다.

잠재의식 운동의 법칙 Law of Subconscious activity

자신의 뇌에 어떤 생각을 간직하면 우리의 잠재의식은 그것을 실현하려고 자신도 모르는 사이에 작동한다는 것이다. 즉, 목표를 종이에 적고 줄곧 생각하며 마음속에 품고 있으면 잠재의식은 말과 행동을 목표와 일치하게 하려고 계속해서 움직인다. 또 잠재의식의 힘을 이용해 자신 안에 존재하는 근심, 불안, 공포 등 인간의 마음과 생명에 부정적인 영향을 미치는 요소를 감소시키거나 차단할 수 있으며 그 힘을 끌어내 마음의 평화와 정신건강의 조화를 위해 활용할 수 있다.

서비스 불변의 법칙   Law of Service

당신이 제공하는 서비스의 질과 양이 당신의 소득과 성공을 결정한다. 크게 성공한 사람들은 그들의 서비스를 원하고 필요로 하는 사람들에게 특히 효과적으로 제공했다는 공통점이 있다.

삶의 질을 향상하고 싶으면 당신이 제공하는 서비스의 질을 개선하라. 그렇게만 할 수 있다면 당신과 당신의 서비스를 찾는 사람은 항상 만족 이상을 얻을 것이다. 잘 되는 회사와 개인을 분석해 보면 다 그럴만한 이유가 존재한다. 고객의 마음속에 행복을 심어주다 보니 근심이 빨리 사라지게 되고, 결국 입소문이 신속히 퍼져서 사람들이 멀리서도 찾아오게 된다.

평균의 법칙   Law of Average

여러 일 중에서 어떤 것이 성공할지 예측할 수 없더라도 평균의 법칙에 따라 일정한 일을 일정한 수만큼 시도하면 목표를 성취할 수 있다는 사실을 말한다.

예를 들어 책을 많이 읽으면 도움이 되는 정보를 얻을 가능성이 높아진다. 세일즈 방문을 많이 하면 그 상품을 필요로 하던 가망고객을 만날 가능성이 커진다. 목표를 달성하거나 중대한 문제 해결을 위해서 혁신과 새로운 시도를 꾸준히 계속하면, 하던 대로만 하면서 모험을 기피하는 사람들보다 성공할 확률이 자연스럽게 높아지는 것이다.

전환의 법칙　　Law of Reversibility

긍정적이고 낙관적으로 느끼면 그에 일치하는 행동을 하게 된다는 법칙이다. 그런데 반대로 긍정적인 감정이 없을 때도 먼저 열정적이고 즐겁게 행동하면 긍정적인 감정이 생긴다는 것이다. 즉 긍정적인 감정이 긍정적인 행동을 만들어 내는 것처럼 긍정적인 행동은 긍정적인 감정을 만들어 낸다.

감정과 행동은 서로를 변화시킬 수 있다. 감정을 쉽게 통제할 수는 없지만 행동은 통제하기 쉬우므로 이것을 통제하는 편이 효과는 더 크다. 우리가 행동을 통제하면 전환의 법칙에 따라 원하는 감정 상태를 만들 수 있는 것이다.

친근함의 법칙　　Law of Liking

많은 사람들과 친해질수록 그들에게 영향을 미치며, 그들로부터 목표 달선에 필요한 도움을 얻는다는 법칙이다. 어느 분야에서나 인기가 많은 사람은 영향력이 큰 사람이기도 하다.

긍정적인 태도는 모든 일에서 성공과 밀접한 관련이 있다. 우리가 꾸밈없는 긍정적, 낙관적인 태도를 지녔을 때 대부분의 사람들에게 닫혀 있는 기회의 문이 우리를 위해 열릴 것이다. 계속해서 행운과 행복이 이어지기를 진심으로 바란다면 스스로 따스하고 자신감 넘치며 사람들을 끌어들이는 성격을 갖도록 단련해야 한다.

반복의 법칙   Law of Repetition

무엇이든 처음엔 낯설고 힘든 일이라도 지속적으로 반복하다 보면 새로운 습관으로 발전해 삶의 방향을 바꿀 수 있다. 이렇게 새로운 습관을 들이려면 21일간의 PMA(Positive Mental Attitude: 긍정적 정신자세) 프로그램이 필요한데, 21일 동안 생각과 말, 행동을 우리가 존경하고 본받고 싶은 사람의 것과 일치하도록 반복하는 것이다.

21일 동안 이 일을 해야 하는 데에는 두 가지 이유가 있다. 첫째, 성인은 뇌 속에 새로운 습관을 받아들이는데 보통 14~21일 정도의 기간이 소요되기 때문이다. 평생 동안 지닌 습관을 단 며칠 안에 바꾸거나 제거할 수 있는 방법은 없다. 둘째, 자신을 위한 참을성과 끈기를 배우기 위해서다. 자기계발에서 참을성은 중요한 열쇠라는 점을 간과해선 안 된다.

자신의 롤 모델을 떠올리며 매일 목표를 세우고 그에 매진하다 보면 당신은 정신적 발전을 이루고 삶의 방향을 완전히 통제할 수 있다. 그리고 머지않은 미래에 자신이 진정으로 원하는 모습으로 완벽한 인생을 만끽하며 살아갈 수 있다.

우연의 법칙 · Law of Accident

통제와 목표 설정에 따라 노력하는 대신, 대부분의 사람들은 우연의 법칙에 따라 되는 대로 살아간다. 이 법칙은 계획에 실패하는 것은 결국 실패를 계획한 것과 마찬가지임을 의미한다.

우연의 법칙에 따라 사는 사람들은 인생을 주사위 던지기나 룰렛처럼 무작위적인 우연한 사건의 연속이라고 여긴다. 이 법칙대로 사는 사람은 복권을 사고, 카지노에 가며 일확천금을 노리고 회사의 속사정도 모른 채 묻지마 투자를 일삼는다. 그들은 늘 요행을 바라지만 결코 뜻을 이루지 못한다. 우연의 법칙대로 사는 사람은 통제의 법칙대로 살거나 목표 지향적으로 사는 사람들을 질투하고 시기하는 사람인 경우가 많다.

결정의 법칙 · Law of Decision

명확하고 구체적인 의사결정은 마음을 가다듬고 창조력을 자극한다. 결정을 내리지 못하고 주저할 때, 구체적으로 어떤 일을 할 것인지 결심이 서지 않을 때, 우리는 방향을 잡지 못하고 우왕좌왕하게 된다.

하지만 어떤 목표나 문제 해결을 위한 구체적인 행동에 대해 확고한 마음이 섰을 때 의심과 혼란은 사라지며 정신은 깨끗해진다. 에너지가 샘솟는 것이 느껴지며 자기 인생에 대한 통제력을 되찾았다는 마음이 든다.

상응의 법칙　Law of Correspondence

안에 있는 대로 밖으로 표출되며 그 사람의 외부세계는 내면세계를 보여주는 거울이므로 사람들의 밖을 보면 안에서 무슨 일이 일어나는지 알 수 있다는 것이다. 삶의 모든 것은 안에서 밖으로 향하는데 밖으로 표현되는 외부세계는 생각과 감정으로 구성된 내면세계와 일치한다. 따라서 인간관계라는 외부세계는 우리 안에 있는 진실한 내적 성품과 태도와 일치하고, 건강이라는 외부세계는 내면의 자기관리와 일치하며 수입과 경제력이라는 외부세계는 생각과 준비라는 내면세계와 일치한다. 따라서 사람들이 반응하는 방식은 우리가 그들에게 보인 모습과 행동을 반영한다.

메모의 법칙　Law of Memo

매일 작은 목표를 세우는 일은 대단한 효과를 가져 온다. 매일 아침 일을 시작하기 전에 이미 실현된 것처럼 현재시제를 사용해 목표를 메모하라.

매일 목표를 메모하는 습관은 당신의 잠재력에 터보 엔진을 달아 생각한 것보다 훨씬 빨리 목표를 향해 나아가도록 돕는다. 매일 목표를 메모하면 한 번 쓸 때보다 10배, 20배, 때로는 심지어 100배의 효과가 발생한다.

memo

Myself

When you change
  your thinking
you change your life.

CHAPTER 01

I Like Myself

I'm very happy to be here. Thank you very much for coming tonight. I promise you that time we spend together will be very valuable.

How many people here would like to double their income? If I can show you how, will you give it a try? I'm going to show you today how to double your income.

I'm going to show you how everyone doubles their income and it begins with changing the way you think. The starting point of doubling your income is very simple. Just make a decision to double your income and set it as a goal. If you do that, everything else changes for you.

Now, I have some good news. The good news is that we're living in the very best time in all of human history. South Korea has become a role model for the rest of the world. South Korea is talked about all over the world as a model for what is possible in any country. And I am so honor to be with you. I thank you very much for inviting me to come.

We have now entered into the 21st century, and many things have changed. One of the most important things that have changed is that we have left the world of physical work and we've moved into the world of mental work. All your success is going to be determined by how well you think. The most effective thinkers are the ones who will control the future.

> **The most effective thinkers are the ones who will control the future.**

And you are among the top 10 percent of the people in oursociety. How do I Know that? It's because you're here. It is always the top 10 percent of the people who come to this program. It is always the people who have a wonderful future who come to this program. I know because I've spoken to you and to other people like this for more than 20 years and it's always the best people. So that is why I say you own the future if you decide to own the future.

The 21st century is going to be the best time in all of human history. Here in South Korea, there are going to be more opportunities and more possibilities than ever in the history of this country. Going back to 2332 years before Christ when the Hermit kingdom was originally founded. There will never be more opportunities in South Korea than now except for tomorrow and the next day and for the rest of your lives. This is a wonderful time to be alive. This is the best time in history for us to be alive.

You are the most important person

Now I have spoken in 25 countries, I've traveled in 90 countries. I have learned different languages, not Korean. But I've learned different languages so that I could understand their cultures.

When I was in my thirties, I went to university and I took a business degree. I spent thousands of hours of studying, I read thousands of books. I read hundreds of thousands of articles and I come to some ideas about why some people are more successful than others. And I'm going to share those with you in the time that we have together.

So I have a question for you. Who is the most important person in this room? Exactly, you are the most important person in this room.

> **You are the most important person in your world.**

And here's what I discovered and it changed my life. I discovered that how important you think you are determines almost everything that happens to you.

If you think that you are an important person, you like yourself more. If you like yourself more, you set bigger goals for yourself. If you like yourself more, you set higher standards for yourself, you persist longer. The more you like yourself, the more you like other people. The more you like other people, the more they like you and want to be in business with you. The more important you feel you are the more valuable you feel you are, the better is your health, and the better is your family.

Here's what we discovered. Parents who like themselves raise children who like themselves. Parents who like themselves raise children who have high levels of self-confidence, and are all willing to take on every challenge to be successful. The most wonderful thing you can do for your spouse and for your children is to like yourself and consider yourself to be a valuable person.

Talk to yourself in a positive way

So I want you to say these words for me. I want you to say these words, "I like myself." From now on,

whenever you think of any difficulty you simply say, "I like myself."

When I was young man, and I learned this; my self-esteem was very low. And your self-esteem is very much like a tire with a slow leak. It starts to go flat whenever you go out to build your business or build your life. So you have to keep pumping it up.

"I like myself." "I like myself." "I like myself." "I like myself." "I like myself." Every time you say, "I like myself." your self-esteem goes up. Every time you have a difficulty or a problem, your self-esteem goes down. When your self-esteem goes down, you pump it up, "I like myself." "I like myself." "I like myself."

When I started off with this I would repeat this to myself 10 times, 20 times, 50 times a day. I needed it, alright? You should do the same thing. But I don't suggest that you say this in crowded elevators or in public washrooms. But just say, "I like myself," whenever you are going to a meeting, you get yourself psychologically ready by talking to yourself in a positive way.

Here's what we have learned. 95 percent of your emotions are determined by the way you talk to yourself. If you talk to yourself in a positive way, you have positive emotions, you have more self-confidence, you have high self-esteem. People like you, people want to do business with you

What percentages of your decisions are emotional and what percentages of your decisions are logical or rational? Well, the answer is 100 percent of your decisions are emotional. Human beings are completely emotional. We decide with our emotions and then we justify it with logic.

If you want to build your business, remember this. How people feel about you, is the most important determination of what they do with you. If they like you, and then like your personality then they want to be associated with you. So when you go to work on yourself, you improve every part of your life.

SUCCESS LINE

When you change your thinking you change your life.

CHAPTER 02

You are the president of your own life

Final question. How many people here are self-employed? Well, the true answer is that everyone is self-employed. Everyone works for themselves. Everyone is the president of a company with one employee yourself. You are the president of own your entrepreneurial company with one service to sell and that's your services. Even if you work for someone else for all your life, you're always self-employed. You are always the president of your own personal services corporation.

Now, this is important because the top 3 percent of the people in our society see themselves as a self-employed. Average people think that they work for someone else. But then that means they think that someone else controls their life. That someone else makes decisions for them, that someone else would take care of them and love them and hold them.

Most people when they become adults, go from their home with their mother and father to work and their boss becomes their mother and father. And they want to be taken care of like little children. But the fact is that when you become an adult, you become the president of your own life.

Now, I have a magic pen here and I got this pen in Switzerland. And it's a magic pen that gives me special powers and you shouldn't believe that. But by the powers vested in me, I hereby dub you all presidents. You're all presidents, you're all CEOs, and you're all in charge of your own lives and your own companies. Congratulations!

If someone asks you where you worked tonight, you say you were at a president's conference. Yes, you got together with other presidents from around Seoul to learn how to run your business more profitably in the coming year. If they say, "Well, I never heard about it." You say, "Well, you probably weren't on the list." They say, "What did they talk about it?" You'll say, "Well, mostly presidential matters. They'll be of no interest to staff."

In fact, if you're not with your husband or wife tonight, afterwards you can phone home and say, "I'm now the president of my own company." And your husband and wife... your husband and wife will say, "Oh, no. You've been fired again."

But you are all presidents, right?

Accept responsibility for your own life

What that simply means is that you accept responsibility for your own life. You do not blame other people for your problems. You do not make excuses, you do not complain about things that you don't like. If you are not happy with something, you are the president, you change it. If you have problems, you solve them. If you have goals that you want to achieve, you achieve them.

The big difference that I've ever seen working all over the

world, between people is that a small number of people like yourself are active; they take action to achieve their goals. But the majority of people are passive. They wait for someone else to come along and solve their problems. They're waiting for a bus on a street where no buses go. They keep waiting for the bus, and the bus never comes. They keep waiting for someone else to come and improve their lives, but not you. You are the elite. You are the top 10 percent, you are pro-active. You make things happen, you don't wait for things to happen.

SUCCESS LINE

The biggest mistake you can ever make is to think you work for anyone else but yourself.

You are the president of your own personal services corporation.

CHAPTER 03

A lesson that changed my life

Well, let me tell you about myself just a minute. I started off from a poor family. We did not have very much money. My father and mother did not always have jobs. From the time I was 10 years old, I worked in the neighborhood to earn my own money to pay for my own clothes, and I never took money from my parents again from the age of 10. I did not graduate from high school. I finished in the half of the class that makes the top half possible.

They say that everybody is good for something even if it's only to be a bad example and I was a bad example. So when I left school, the only job that I could get was washing dishes in the back of small hotel. And when I lost that job, I got a job washing cars with a car company. And when I lost that job, I got a job washing floors with a janitorial service. I thought that washing was going to be my future. But it was a downhill trend.

So when I lost those jobs, and lost when you say, " I lost a job," when you are young, it means that you got fired. When I got fired from these jobs, I would go to the next job. I used to live in my car at one time because I didn't have a place to live. I would work in factories sometimes in the afternoon sometimes overnight. I worked in sawmill and lumber mill in the mountains. I worked in construction labor. I worked on farms and ranches. I worked on a ship in the North Atlantic. I did laboring jobs for many years.

How many people here are in sales? OK, well, that's what I got into when I couldn't get laboring job as well. So I know where you're coming from. So I got into sales, and I didn't know how to sell. They told me that all you have to do is talk to enough people and you'll be successful.

Well, I wasn't afraid to work. So I went and began talking to people but nobody bought anything. So I would talk to more people and still nobody bought anything. So I began to run from place to place, so I could be rejected more often. And I did this for about six months going around in circles. And every so often occasionally I would make a sale which is just enough to stay alive.

The law of cause and effect

Then one day I did something has changed my life and it brought us here together.

I went to the top salesman in my company. He was selling 10 times as much as anybody else. And I asked him, "What are you doing differently from me?" And he said, "Well, let me see if I can help you." He said, "Show me your sales presentation." I said, "What's a sales presentation?" He said, "Well, it's logical and orderly way of selling your product." And I said,

You mean there is a logical and orderly way of selling?

And he said, "Yes," and he showed me a logical and orderly way which I'll explain to you a little bit later.

And so I began to sell in a logical way. It's very much like phoning with the telephone. If I ask you for your phone number and I say, "I'll call you later," and you'll give me a number. Well then, I can take out my phone, they provided this phones in the hotel. I can take out my phone anyway, and if I know your number, I can put in your number. And the phone will ring and you'll answer the phone. If I give your number to someone else, they can phone you. As long as you have the right phone number, you can get through to the person.

But what if I said to you, "I'll phone you later this week." And you say, "Yes." I say, "Goodbye." And you say, "What? Don't you want my number?" I say, "No, It's no problem. I'll find out your number by pushing the buttons." And so I'll just push your number and say, "Are you there? No?" I just push some more buttons.

How long will it take me to get through to a person if I just push the buttons randomly? Probably my whole life, probably never. But if I have the right numbers in the right order, I could get through immediately. If you sell in the right order,

if you do anything in the right proper sequence, you make far better results than if you just do it randomly.

So, he showed me how to sell systematically. So I began selling in a logical order and my sales went up. And then I began reading books on selling and my sales went up. And I began listening to audio programs on selling and my sales went up. And then I began to attend conferences like this. And I still remember the first one that I attended. I've never been to one before and I sat and took notes and then I practiced what I learned. And my sales went up, and up, and up.

And soon I was the top salesman. Soon the person who started me was working for me. Within a year I was in charge of all the sales people. Within two years I was in charge of six countries and I had 95 sales people. And my whole life was transformed.

Now what I learned was this. What I learned was the oldest law in human philosophy. The oldest law in human history which is the law of cause and effect. The law of cause and effect says everything happens for a reason. It says the success is not an accident. Failure is not an accident.

I learned later that my friend who was earning 10 times as much as anybody else had worked for a large company some years before. The large company has been one year training him in professional selling. As a result, he could go anywhere and any countries he could sell any products. Because he had the formula, he had a recipe, he had a system. And once he shares the recipe with me I could sell as much as I wanted, anywhere I went. Once I share it with another people, they can sell as much as they wanted.

SUCCESS LINE

Thoughts are causes and conditions are effects.

CHAPTER 04

Nobody is better than you

Today when I travel around the world to countries that I've worked in before where I recruit sales people I meet them again. And they're millionaires, they're wealthy, they all own their own businesses. They own property, they have large bank accounts. These are people that I recruited new off the street who had no money, had no jobs, and had no sales skills. And I trained them in the method of selling. And today they're wealthy all over the world, they're rich.

I sat down with a gentle man who worked for me many years ago last year. He is now worth about 25million dollars. And when he came to work for me, he had only old clothes and no money. He had not eaten for about 2 or 3 days. And I took him in and I gave him food and I got him clothes, and I taught him how to sell. And today he's a very wealthy and powerful man. He owns many businesses.

And I said to him I said, "You know, I'm very proud of what you have made in your life of what you have accomplished." And he said, "Yes." He said, "And I still remember where I started when you taught me how to sell so many years ago."

There are no reasons why you should not become successful

So is it possible? I have some news for you. Nobody is better than you and nobody is smarter than you. No one is better and no one is smarter. This is a major problem that we have in adult life. When you are growing up, you compare yourself with other people. Other people get better grades than you. You work hard but still other people get better grades than you. When I was going to school, I got terrible grades at school.

In fact, there are people in this room who got poor grades in school. Yes, and we know who you are. You may be sitting next to one of those people right now.

This is what happens. If somebody gets better grades than you, you think, "Well, this person is smarter than me." So therefore, if this person is smarter then I must be dumber. So therefore, "Why should I try? Because he's smarter and I'm dumber."

Then we go to the next step. We think, "Well, if he's smarter than me, he's probably better than me. But if he's better than me, then I'm worse than he is." So then we think, "Well, he must be worth more than me, so I must be worth less."

And this is the big problem we have. Is we are always looking at ourselves as being less than other people. What changed my life was when I discovered that nobody is better than you and nobody is smarter than you.

People are just smarter in different ways. People have different talents and abilities.

When I was going to school, there was a boy who got top grades in every class. He got scholarships to the best universities and he never worked. He was very friendly and he never worked, he always got top grades. If he got 99 percent in any examination, he would be angry with himself because he always got 100 percent.

Today he sells used cars on a small car lot in a small town. And that's when he's been doing for 20 years selling used cars. Me? I didn't even graduate from school and I'm doing better than he is. Here's my point. Here's my point. Nobody is better than you and nobody is smarter than you. He just had figured out he had learned how to study.

And studying is a skill. You can actually take its course in study skills. And if you take the course in study skills, you'll get straight 'A's from then on. If nobody ever gave you a course in study skills then you may have gotten poor grades in schools. And even today 20 or 30 years later, you'll still thinking, "Well, I'm not very smart. Because I didn't get good grades in school." And what that does it cause you to put your foot on your own brakes and hold yourself back.

Instead of setting big goals, you set little goals. Instead of persisting, you quit. Instead of becoming really successful, you think of excuses and reasons why it's not possible. "Oh,

I'm too young." "Oh, I'm too old," or "I didn't go to college or university," or "I didn't come from a rich home," or "I'm not handsome," or "I'm not beautiful," or something. We always think of reasons to hold ourselves back. I would like to tell you that there are no reasons. All of the reasons exist in your own mind. They don't exist in reality.

SUCCESS LINE

Nobody is smarter than you,
nobody is better than you.

Allow yourself to dream big dreams.

There are no limits except the limits
you place on your own imagination.

CHAPTER 05

The actions that I'll take
is the most important

So I've traveled and I began to learn this law of cause and effect. I would apply it in every business I ever went into.

The first question I asked is, "How do you succeed in this business?" And I would go to the top people in the business and I would say ask for their advice. "How do you succeed in this business?" and they told me and I did it and I achieved success. I would go to the library and I would check out all the books on real estate, importation and distribution, management, sales,

sales management, business building, entrepreneurship. I would check out all the books and I would read and read and read and read. And then I would go and practice.

And I said asked before, "Who is the most important person in this room?" And you're right. You are the most important person. What is the most important part of this day, of this time we spend together? The answer is the actions you take afterwards.

> **The most important part of what you learned is not the content of what you learned, it's the actions that you'll take.**

All successful people are action-oriented. They're constantly taking action on new ideas. Now, if you take action on a new idea, only two things can happen. What are they? Well, you can succeed or you can fail. If you succeed, you do more of that. If you fail, you learn and become smarter which makes it more likely you will succeed next time. So, you cannot lose by taking action. You can only lose by not acting at all. And the majority of people don't take action. The majority of people will hear good ideas but then they'll always have an excuse for not taking action today.

Many years ago, I spoke with Rich DeVos, the founder of Amway Corporation. And we were talking about these subjects. And he said to me. He said that "We have determined in our business that there is a direct relationship between how quickly a person takes action on a new idea and how likely it is that they'll ever be successful at any thing."

What we found is that people who hear a new idea and take action within 24 hours will take action on other ideas as well. But ever person hears a new idea and doesn't do anything with it for a few days, the chances are nothing will ever happen. He said action-orientation is the key.

The best studies have been done in the last 50 years looking at successful people whose lives are going better and better, and unsuccessful people whose lives have flattened out. They find the successful people have one quality. They're always taking action, they're always doing more things.

So if you hear something good tonight, be sure to take action on it and take action as fast as you can. Because that soon becomes a habit. And when you develop the habit of action-orientation, you'll accomplish more in the next 2 or 3 years than the other person who accomplishes in 10 or 20 years. Action-orientation transforms your life.

Your life goes in the direction of your thinking

Well, what I learned from this law of cause and effect was this. Thoughts are causes and conditions, the conditions of your life are the effects. Thoughts are causes, and conditions are effects.

Your thinking creates your life.

Now, this is the greatest thought in history. This is the great thought of all the religions and all philosophy and all psychology and all success is that your thoughts create your life. That you can actually change your life by changing the thoughts that you think. Because your life always goes in the direction of your thinking.

So here is the great rule for success. It is that you become what you think about most of the time. You become what you think about most of the time. So the question is, "What do you think about most of the time?" What do you think about most of the time?

By the way, this law is true. But it is not 100 percent true. Because if it was 100 percent true then every young man would turn into a young woman by the age of 20.

So, the question is, "What do you think about most of the time?" Well, in the last 25 years big companies have spent many millions of dollars searching for the answer to this question. Several companies some years ago put together to pull of more than 20 million dollars. And what they wanted to do was discover what top sales people think about most of the time - top business people, top entrepreneurs? Because if they're going to hire sales people or business people, they wanted to have a profile that will help them make better hiring decisions.

So they interviewed more than 350,000 people like you. And they were interviewing them every week for 6 weeks or 6 months, 12 months, 18 months, 24 months. And once each week they would phone them often that would say, "What are you thinking about right now?" And the person would say, "Well, I'm thinking about this," and they would write it down. One week later then they would call and say, "What are you thinking about right now?" They would do this every week for many months. And gradually they began to see a profile. And they then took this group of people and they sliced them up into 10 percent, the bottom 10 percent, the next 10 percent, and finally the top 10 percent. And you are in the top 10 percent. So they looked at the way people in the top 10 percent think most of the time.

And can you guess with the top people - the happiest, highest paid, most successful people - think about most of the time? Can you guess? Well, the answer is they think about what they want and how to get it most of the time. Then you say, "That's too simple." No, it's the key to success.

It's successful people think about what they want and how to get it.

They think about their making more money and doubling their income. They think about health and they think about their family, they think about their home, they think about their car. They think about what they want most of the time and they think about how to get it.

191

SUCCESS LINE

Your entire life is made up by the results of
your choices and decisions in this moment.

As long as you have lots of time
you can do almost anyting.

The only real antidote to worry is
taking action toward a goal.

CHAPTER 06

The only question to ask is, "How"

And I want to share with you a word which you already know. And this is the most important word for success. Are you ready? It's the word, "How?"

So from now on, whenever you have a goal the only question you ask is, "How?" Whenever you have a problem, the only question you ask is, "How do I solve it?" When if you want to double your income, the only question you ask is, "How do I double my income?" So I want you to say the word, say

How?

Now, say it again. "How?" Wonderful!

From now on, whenever there is anything in your life that you want to change, the only question you ask is, "How?" Because "How?" is the question of the top 10 percent. "How?" is the question of the self-responsible person. "How?" is the question of the action-oriented person. The person who asks "How?" is one of the top people in our society. Everyone works for and under the people who think in terms of "How?"

Here's a good point. Every goal that you could ever have has already been achieved by someone. Every problem you could ever have has already been solved by someone. Every question you could ever ask has already been answered by someone. Your question is simply to ask "How?" How did others do it?

And there's rule in success that says, "Success leaves tracks." In other words, there are tracks to any kind of success you want and your job is to find the tracks and follow the tracks to double your income, to create a wonderful life. All the answers have been found. And nobody is better than you, nobody is smarter than you. If someone is doing better than you today, there's simple explanation. They figured out how before you did. That's all.

Anything anyone else has done, you can do as well

And here's another discovery. Anything anyone else's done, you can do as well.

If they have done it that means you can do it. We're not talking about being an Olympic athlete. We're not talking about winning a novel prize in physics. We're just talking about being a big success in life. And if there are hundreds of thousands or millions of other people who are successful starting from very little, it means that you can do it as well. As long as you keep asking the question, "How?"

So we find in interviewing these people that they have the top people have one special quality. And this is the quality that makes South Korea one of the greatest countries in the world today. Not because of size but because of your accomplishments.

20 years ago, 50 years ago South Korea was a very different country from today. Today, South Korea is one of the most respected countries in the world. And soon if your coach works

out, South Korean soccer team will be on of the most respected soccer teams in the world. Right?

If Guss Hiddink can get everybody working together, soon you will be one of the top even not the number one soccer team in the world. It's going to happen because Guss Hiddink has only one question and that's how. "How do we make this world class soccer team?" Right?

SUCCESS LINE

What others have done, you can do as well.

Happy people discipline themselves
to think and talk only about what they want,
and to keep their minds off what they don't want.

CHAPTER 07

Successful people are optimists

So, we ask, "What is the most important quality for success, happiness and long life?" Can you guess what the most important quality is? Well, the answer is very simple.

In interviewing tens of thousands of successful people they find the number one quality is the quality of 'optimism'. Successful people are optimists. They're positive about themselves and their future. They think about what they want most of the time and they are what we called realistic optimist.

That means they recognized that there are a lot of problems in the world, but they are realistic and they are optimistic about solving the problems and achieving their goals.

So, what we learned is this. It's that optimism is the quality of mind. And you can compare your mind with your body in this way. As you can have physical fitness, just as you can have mental fitness. Now if you want to be physically fit, you exercise physically. That's how you become physically fit and you must, you might have to exercise for a long time. If you want to become mentally fit which is if you want to become an optimist, you have to exercise mentally as well.

Optimists have three special ways of thinking

And so we find that optimists have three special ways of thinking. That you can practice and when you practice them, you become an optimist. When you become an optimist, you are happier, you are more successful, you have higher self-esteem, you like other people more, other people like you, and want to do business with you. When you are an optimist, every door opens for you. If you are pessimist, every door closes.

By the way, before I tell you the keys to optimism to learning how to become an optimist. Can you guess what unhappy, negative, unsuccessful people think about most of the time?

Well, the answer is they think the opposite way from optimists. Optimists think about what they want, and how to get it. Pessimists think about what they don't want, their problems, and who's to blame. Optimists think about the future and where they're going. Pessimists think about the past and who hurt them in the past. Optimists let go over the past because they can't do anything about it. Pessimists hold onto the past because it's all they have.

So your job is to let go of the past. One of the greatest rules for success in life is don't spend any time worrying about something that you can't change. And you can't change the past. So instead of worrying about the past and what happened and who's to blame. And thinking about how you could've done it differently. Instead let it go and focus on where you're going.

There's a wonderful little line that says this. When you turn toward the sunshine, the shadows fall behind you.

> **Your job in life is to turn toward the sunshine which is to think about what you want.**

Optimists' three keys to success

So, here are the three keys. Number one. Think about what you want and how to get it most of the time. That will keep you positive and optimistic. Number two. Look for the good in every situation. Look for the good in every person. Look for the good in every difficulty. Developed habit of saying the words, "That's good!" whenever something goes wrong.

For example, you find out that your house burn down. Well, that's good. You needed house close to work any way. Your car got stolen. Well, that's good! The ashtray is full anyway. You lost your job. Well, that's good, because you didn't like the job anyway. So keep looking for something good.

Let me ask you a question. Does anybody have in their home a dimmer switch that you turn up and down to increase the light lowering the light? Does anybody have a dimmer switch at home? Okay, say yes. Everybody has a dimmer switch, alright. If you don't have a dimmer switch, you know what it is, alright?

So you notice they have a dimmer switch in this room. They keep changing the lights up and down. The person who is operating in this dimmer switch is smoking something. So he's having a good time, he's turning to switch up and down.

Anyway, here's the rule. When you turn the dimmer switch up, it's bright. When you turn it down, it's dark. You have a dimmer switch on your brain as well.

When you think about what you want and how to get it, your dimmer switch goes on full. When your mental dimmer switch is fully lit, you're more creative, you're more positive, you have more energy, you are more personable and friendly, you are more intelligent, you are the best person you can possibly be when your dimmer switch is on full. And whenever you think about what you want and how to get it, your dimmer switch goes on full. Whenever you think or look for the good in a difficult situation, your dimmer switch goes on full.

By the way here's the rule. If you look for something good in a difficult situation, you'll always find it. You'll always find it.

You'll always find something good if you look for it.

And when you find it, your dimmer switches all go on full.

Here's the third key to becoming a complete optimist. And

it is to look for the valuable lesson in every difficulty or problem that you have. Let me repeat. Look for the valuable lesson in every problem or difficulty that you have.

And a couple of things will happen. First, while you're looking for the lesson, your dimmer switch will go on full and you'll be positive, you'll be creative, you'll have high-energy. If you're looking for who is to blame and who, what went wrong your dimmer switch goes right down to negative. When your dimmer switch is down low you become angry, you become fearful, you become worried, you become impatient and so on.

So your job is to keep your dimmer switch on full most of the time. Successful people are people who make a habit of thinking the thoughts that keep their dimmer switch on full rather than allowing themselves to think thoughts that make them feel unhappy.

SUCCESS LINE

Decide today that you are going to live
a long, happy, healthy life.

You have within you, right now, the ability
to solve any problem.

Never worry about things you can't do anything about.
Instead, focus your energies on the things
you can do something about.

CHAPTER 08

A crisis is a gift from God

So, I had a friend once he told me that every time God wants to send you a gift, he wraps it up in a problem. And if God wants to send you a big gift what it means is a really valuable lesson, he wraps it up in a big problem.

So I know that many of you feel you have too many gifts right now. But if you look into every problem as a gift, you'll always find a gift.

And I want to give you an exercise. First of all, question.

Does anybody here have any problems? Of course, we all have problems. It is normal and natural to have problems. All of life is a continuous series of problems. The only interruption in this series of problems is the occasional crises.

So if you're living in normal life, you'll have a crisis every 2 or 3 months. It will be problem, problem, problem, problem, problem, problem, crisis, problem, problem, problem, problem, problem, problem, crisis. So your life will be series of problems and crises.

Which means by the way that everyone in this room is either in a crisis right now or you just got out of the crises or you're just about to have a crisis. And that's the way the world works. The only thing that matters is how you deal with the problems and crises.

Every problem that you ever have contains a lesson

So I want you to think about your problems. And imagine that your problems are like a stack of dishes, a stack of plates. There's always one plate on top. This is the biggest problem that you have in your whole life.

I want you to think about your problems and say alright.

"What is the biggest problem I have today?" This is the problem that causes you the most worry. This is the problem that makes you the most unhappy. This is your biggest problem in your life. Sometimes it's a financial problem. Sometimes it's a relationship problem. Sometimes it's a health problem.

But I want you to think about your biggest problem just for a moment. And then I want you to imagine that this problem was designed just for you on the other side of the universe. And it was designed by a great power in the universe that wants you to be successful and happy. And this power knows that for you to be successful and happy, you have to learn a series of lessons.

This power also knows that you will not learn a lesson unless it hurts in some way, unless you suffer emotional pain or financial pain or physical pain, unless you suffer in some way you will not learn.

So, the biggest problem you have today has been designed by this power and sent to you at this moment to teach you a lesson that you need to learn to be successful and happy in the future.

The only question is, "Are you going to learn that lesson?" Or "Does your problem have to get bigger and bigger before you learn the lesson?" Because this power is very patient. This power would send you the lesson you need at a low level with a small amount of pain. But if you don't learn the lesson it would come around and would come back at a higher level with more pain.

If you still don't learn the lesson that would come around and wreck and it would hurt even more until you finally say, "Stop hitting me, I've learned my lesson." And once you learn your lesson, you then go on to the next problem.

Where you were than get another lesson in your whole life, every problem that you ever have contains a lesson. And if you look for the lesson, your dimmer switch goes on full, and you become more positive, you become more powerful, you become more confident, you become more experienced, you become more intelligent by simply searching for the lessons in every problem that you have. And every problem contains a lesson.

Now, if you want to have tremendous positive influence on other people, here's a very simple way. Especially your friends, your business associates, your down lines and your children, this help them be clear about what they want. And encourage them to think and talk about what they want most of the time.

When your friends or your family have problems, help them to look for the good in the problem and while you're both looking for good, both of your dimmer switches would go on full. And finally if you have a person in your life who has a problem, ask them this question. "What lesson are you meant to learn from this problem? What lesson is contained in this problem that is just for you?" And my promise is you always find the lesson. And the lesson will be the greater value than the cost of the problem.

Does anybody know what I am talking about so far? This makes sense. Ok. So, this is the way the top people think most of the time. This is the way the top people think.

SUCCESS LINE

Discipline yourself to look for the solution
to a problem rather than complaining about it.

Your biggest problem has been sent to you
to teach you something you need to learn.

Each crisis or difficulty you have is a test,
sent to you to see what you are really made of.

CHAPTER 09

Expect to be successful

Now, optimists have two special qualities. Optimists, as I said, are realistic but optimists also have what we call an 'unrealistic' expectation of success. They expect to be successful.

In reading hundreds of stories of men and women who have achieved great success in life, most of them came from very limited backgrounds. Most of them had no advantages when they started off.

In reading hundreds of stories, you find one common quality

among successful people is they expect to be successful. No matter what happens, no matter how many times they have setbacks and difficulties, they keep coming back because they expect to be successful. They have 'unrealistic' expectations of success.

> **Even if everything seems to be against them, they still believe that they're going to be successful.**

And they never let go of that idea.

Imagine that your mind is like a computer. And as you know, a computer runs on the programs that are put into the computer. So, imagine that there was a computer store that sold beliefs because your mind runs on your beliefs. If you have positive optimistic beliefs, that's how you run your life. If you have negative or fearful beliefs, that's how your life runs. So imagine there was a special computer store. And you could go down and you could buy a special belief for yourself and program it in to the back of your com... mental computer. What would be the very best belief for you to have?

Well, I've thought about this for 25 years. And my answer is the best belief for you to have is this. It's that you're going to be really successful and really happy in your life.

If you have this belief, the belief is, "I am going to be really successful and really happy in my life." If you have this belief, you will act in a way consistent with this belief. You will do the things consistent with your belief and you will eventually have a happy and successful life.

Believe that you are going to be a big success

So the most important belief you can have and it's the same belief that all top people have throughout history is that you are going to be a big success in life. That's your belief.

If you believe that you're going to be a big success, it will trigger two special behaviors. Special behavior No.1 is that you will try more things. You will try more different things. You will talk to more people. You will make more calls. You will read more books. You will take more actions. You will set more goals, you will try more things.

In our society we believe a lot in luck. When we see someone who is successful, we say that person is lucky. And we do all kinds of things so we can be sure of having as much luck in our life as possible. However, when I went to university in the thirties, I took a course on the subject of what is called 'probabilities'. And it's a very difficult course to take. Is anybody taking in this course in school 'probability theory'? It's a... don't take the course. It's a terrible course.

But you have to...what...what they teach you is there's probability of everything happening. There's a probability of you living to eighty-years-old. There's a probability of you driving your car without an accident for a year. There's a probability that lightning would strike somewhere. There's a probability that you'll become rich in the course of your life time. Now your job and my job is to increase the probabilities for the things we want to happen.

Here's the discovery. If you try more things, and you try more different things, you increase the probability of success. And when you're successful, it's not luck.

It's just that you try more things.

If you try more things, you increase the probability that you'll try the right thing at the right time with the right resources. If you try only a few things, you lower the probability of success.

You and I cannot control what is going to work and what is not going to work. We can't control what would be successful and what would not be successful. But we can control the number of different things that we try. And if you control the number of things that you try, and you try more things, by extension you'll guarantee your success. Every successful person is an optimist, who tries lots of things, because he believes he is destine to be successful. Or she believes she is destined to be successful. So try more things.

SUCCESS LINE

Action is everything.

The more actions you take, the more
and better results you will get.

People become wealthy because they decided
to become wealthy.

CHAPTER 10

Never give up and just keep on trying

The second quality of optimists is that they persist longer than other people. As a matter of fact, optimists never quit. Optimists continue to persist week after week, month after month, year after year. Optimists never give up. They just never quit.

It is the greatest of all rules for success is first of all try more things and second of all never give up.

Now here's something I've learned when I began studying this subject in psychology many years ago. I found that if you get into a traffic accident, it's too late to take a course in first aid. Ok? It's too late. If you want to be useful at a traffic accident, you must take your first aid course before the accident.

It's the same thing in life. You are going to have many problems and setbacks and temporary failures. These will happen. And if when they happen, it's too late to then decide what you're going to do about it.

So here is the secret is make a decision now. That when I have a problems in the future, I am not going to stop, I am not going to quit. I'm going to set a goal to double my income, and then I'm going to double it again. And no matter how many problems I have, I will just keep going, I will not quit.

If you make that decision in your conscious mind, it would be accepted as a command by your subconscious mind. Then when you go out and you have setbacks and difficulties, you're already programmed, and you immediately respond and you don't quit.

When I learned this in my early twenties, it had an enormous impact on my life. From then on, I made a decision that when I set a goal, I'll never quit. I will simply never quit. And I don't have any more intelligence or ability than you do. But I do know one thing is I just never quit. I mean you can shoot me "boom" dead but I won't quit. I will just keep on going like.

So... so that must be your decision as well. You make a decision when you've decided that you want something in your life. You want to double your income, that you are going to double your income and you will not quit.

> You'll just keep on trying more things until you succeed. And if you make that decision, your success is guaranteed. Your success is guaranteed.

Write down your three most important goals

Ok, let me... Now I'm going to give you a quick test. I'm going to ask you to write down your 3 most important goals in life right now. Please take out your piece of paper, your pad, and write down your 3 most important goals in life right now. You have 30 seconds to write. You now have 20 seconds left. Write quickly.

If you can't think of 3 goals, just write money, money, money. You have 10 seconds left. 5 seconds, 4, 3, 2, 1. Stop!

Now this is a special method of goal setting that you can use all your life. We this have discovered that if you only have 30 seconds to write down your 3 most important goals, your answers will be as accurate as if you have 30 minutes or 3 hours. When you are forced to write down your 3 most important goals, your true goals will emerge on the paper.

Now let me see if I can guess what your 3 goals were. In 80 percent of cases, your 3 goals will be a financial goal, a health goal, and a relationship or family goal, right? And the reason for that is simple. Those are the 3 main areas of your life.

Now I want to tell you something else. If I were to ask you, "What are your 3 biggest problems in life?" Your 3 goals are the solutions to your 3 problems. If you achieve the 3 goals, you've solve your 3 biggest problems.

One last point is remember we said the successful people think about the future and where they're going.

When you write down those three goals that tells you your future. Because both consciously and unconsciously each day you are moving toward achieving those goals.

Even if you're not even thinking about it, you're still working toward achieving those... achieving those goals. Because those are your self-conscious goals. You're moving toward them and they're moving toward you.

Your outer world is a reflection of your inner world

Well, what I want you to do and here's the exercise for the next 24 hours, I want you to think about those three goals all the time. I want you to think about the three goals and I only want you to ask one question. And the question is, "How?" Yes, yes that's how. You are good students.

Now we have interviewed the top 10 percent and as I said you're in the top 10 percent. We've interviewed the top 10 percent extensively. And ask them, "What do you think about most of the time?" And we find that the top 10 percent of people have a special way or several special ways of thinking most of the time.

These are all learnable ways of thinking. You can learn

to think like the top people. And when you think like the top people, you will get the same results as the top people.

It's a law that says that your outer world will always be a mirror or every reflection of your inner world. So therefore your outer world today is a reflection of what you're thinking about today most of the time. If you change what you're thinking, if you reprogram, then your outer world will change. So it's consistent with your inner program.

It's sort of like projecting on a screen. Imagine that your eyes are projection lenses. The screen is your reality or your world and your thoughts are what are projected through your eyes under the screen. You always project yourself under the screen of your life. Wherever you look, you see yourself. Wherever you look, there is yourself reflected back.

Thought times emotion equals reality.

Your outer world will invariably be a mirror of your inner world.

You can accomplish extraordinary things by becoming a tiny bit better each day.

CHAPTER 11

Keep thinking about the future

How do top people think most of the time? They have what we call 'orientations'. Now and 'orientation' is a general way of thinking.

And the first orientation is what we call 'future-orientation'. That means that top people think about the future most of the time. Top people think about where they're going most of the time. But top people have a special way of thinking about the future and the special way is this. They imagine a perfect future for themselves. They imagine a happy future, they imagine an ideal future for themselves.

So here's an exercise. Imagine that you have a magic wand. And then you could wave this magic wand over the future. And you could pick a date five years from now. And five years from now, your life will be perfect in every way.

> **If your life was perfect in every way like a magic wand. What would it look like?**

What would you be doing in five years if your life was perfect? How much money would you have if your life was perfect? What kind of family or marriage would you have if your life was perfect? What kind of home would you live in? What kind of car would you drive? How much money would you have in the bank? How much money would you be earning? Who would you be with in five years? Who would you no longer be with in five years? If... if your life was perfect in everyway what would it look like?

Now the greater clarity you have with regard to the answer to this question, the faster you move toward it, the faster it moves toward you. The greater clarity you have, the easier it is to make decisions. The greater clarity you have of your future vision for your life, the easier it is for you to learn lessons.

Have a clear destination, and you can fly straight to your target

Now, I flew here from Los Angeles yesterday morning. I left Los Angeles, and when the plane left and got into the air, the pilot came over and he said, "Ladies and gentlemen, we will be arriving in Seoul in 12 hours and 37 minutes." 12 hours and 37 minutes and then the plane started.

Now if you know anything about airplanes, you know that airplane was off course 99 percent of the time. 99 percent of the time, the airplane was off course. All airplanes are off course 99 percent of the time. So the pilots are continually bringing the plane back on course. They have winds that move the plane, they have turbulence and clouds they go up and down, so the plane is off course 99 percent of the time.

But can you guess when the plane arrived in Seoul? How long the flight took? 12 hours and 37 minutes. And the plane landed in the Seoul airport, exactly to the minute that they predicted in Los Angeles when the plane took off even though it was off course most of the time.

When you have a clear vision for your future, and you know what your perfect future will look like, you'll be off course most of the time. You'll be making mistakes and you'll be trying more things, and you'll be learning lessons, and you have temporary setbacks, and you'll have difficulties, and you'll be learning from every experience, and you'll be getting off course and on course and off course and on course. And just at the right time, you'll achieve your goal.

> **You'll arrive at the airport of your goal exactly the way you thought, as long as you're clear about your destination.**

Imagine if I took off in a Korean airline plane. And the pilot came on and said, "Thank you for flying with Korean air. We don't know where we're going, so we're going to fly around for a while and see if we find anything nice."

That's how most people live their lives. They're flying a

plane your mind that can take you across the world with great accuracy. But because they don't have a destination, they just go around in circles.

How many times have you met someone and then met them again 5 years later, and their life is still the same? They still have the same problems. They still have no money. They still have problems at work, 5 years later nothing has changed. They're going around in circles.

Imagine your perfect future

Now, an airplane goes around in circles until what happens? It runs out of fuel and then it crashes. Do you know that airplanes do not coast? Jets have to be moving at about two hundred and fifty kilometers an hour in order to land. If they slow below 250 kilometers, they fall like a stone out of the air. And they go splat.

If every you take a flight and they say, "Ladies and gentlemen, the life jackets are under the seat. In case of any emergency water landing, proceed to the emergency exit door and put on you life jacket. Blow it up 'BU-' like this."

Have you seen those? It never happens. Those warnings work for 50 or 100 years ago when they had little planes, when they had propeller planes. And there was a chance, a very small chance that one of these planes would land on water.

Today jets don't land on water. Jets fall out of the sky like a bottle falling from the top of a hotel onto a concrete parking lot. And they go splat.

Anyway, most people fly around in circles until they run out of gas or run out of life. And then they just crash and then never accomplish anything. But when you have a clear destination with the same intelligence as a person who is a genius with the same intelligence, you can fly straight and clear and true like an arrow to your target.

So, first of all, have your future-orientation and just imagine your perfect future.

And don't worry about people who say, "It's not possible, you're too young, you're too old." Don't listen to negative people. What you say is if someone else can do it, I can do it as well. And then you look around then you find someone who's done it. And you'd go and ask them for their advice. And successful people will always give you advice. They'll always tell you what to do. And if you just do what other successful people do, you'll soon get the same results that other successful people get.

It takes five years to master any new business

By the way, here's a quick point. Rich DeVos of Amway also told me this. He said, "If you're not going to commit for 5 years to this business." He said, "Don't get into it at all." He said, "It takes 5 years to master any new business."

And this is based on years of research. If you decide to become a sales person, it'll take you 5 years to master it. If you decide to become a lawyer, it'll take you 5 years after you graduate before you'll begin to become successful. If you decide to become a doctor, after all your training, it'll still take 5 more years before you're successful. So therefore, if you're not willing to commit 5 years, don't start at all.

Alright, well so develop future-orientation and think about the future most of the time. If someone has a problem, you say, "Okay, what's the solution?" and think about the future. When someone makes a mistake, you say, "Okay, you made a mistake. Next time, in the future, why don't we do it this way?" Keep thinking about the future. And when you're thinking about the future your dimmer switch is on full, and you're happy and you're more positive. And you have more energy. You're more creative. You're the best person that you can be.

Almost all of our problems in life come from people who are talking about the past. They're worrying about the past, they're angry about the past. They're critical about the past. They keep talking about the past. Don't be like that. Think about the future.

SUCCESS LINE

Your life only begins to become great
when you decide upon your major definite purpose
and then work on it every single day.

To achieve all that you are capable of achieving,
you must develop a clear sense of direction.

Your life is too precious to waste a single minute
dwelling on the unfortunate experiences of the past.

CHAPTER 12

Write down ten goals of your life

Now, the second quality of top people is top people are goal-oriented. Top people are goal-oriented in that they think about their goals most of the time.

They think about their goals
and how to achieve them
most of the time.

So let me give you a simple seven step formula for setting and achieving goals. There are many more elaborate or bigger formulas. But I'll give you a seven step formula that you can write it down on one of the back pages of your booklet.

Step number one is to decide exactly what you want. Most people have no idea of what they really want. They say well, "I want to make more money," but that's not a goal. That's just a wish or fantasy. They say, "I want to be healthy," but that's not a goal. These are not goals, okay? A goal is something that is very clear and measurable. So decide exactly what you want.

Number two is to write it down. Write it down on paper. They very act of taking a goal and writing it down increases the likelihood. The probability of achieving it by 10 times by 1000 percent. So write it down.

Number three is set a deadline. Set a date at which you'll achieve the goal. Sometimes people say, "Well, what if I write a deadline and I don't achieve it by the deadline?" Then you set a new deadline. And you keep setting new deadlines until you finally come to the right deadline.

So number one is to decide what you want. Number two is to write it down. Number three is to set a deadline. If you just do that, you have separated yourself from most of the people in the world.

Number four is make a list. Make a list of everything that you could think of to do, to achieve the goal. Every step, every activity, every action write it down, everything you can think of. And as you think of new things later, write them on the list. Keep writing in your list until your list is completed, you can't think of anything else.

Number five is take your list and organize the list. Organize the list by priority what do you have to do first? Organize the list by sequence what do you have to do before you do something else. And a list organized by priority and sequence is a plan. So, now you have a goal and a plan. Now you move into the top 3 percent of people in the world. You have a goal and a plan.

Step number six is take action immediately on your plan. Take one step, take any step. But do something immediately to start the process moving. Do you remember what Confucius once said, "A journey of a thousand leagues begins with a single step." What we all found in history is that the achievement of any great goal begins with a single step. And then you take another step. And then you take another step. And if you take enough steps, you could accomplish any goal in the world.

So number seven is do something, take action on your goal

every day. Every single day once you have decided on your goal. And let's say that your goal is to double your income. Okay? Once you have decided to double your income, every single day do something that moves you in that direction. Never let a day go past. Seven days a week, 365 days a year do something every day that moves you toward your most important goal.

If you can do that, you change your life. Because here's the wonderful thing. When you have a clear future vision and then you break it down on paper into goals and then you do something everyday that moves you towards your goal, you feel happy, you feel powerful, your self-esteem goes up, you feel confident. Your dimmer switch goes on full. You become more optimistic and more creative. Your whole world works better with a goal.

And the reason most people are unhappy today is because they don't have any goals.

Just like the, the ships pilot, the aircraft pilot not having a destination, he was just going in circles.

Write down ten goals

So I'm going to give you an exercise. Oh, this is good stuff. What I want you to do before the end of the day, before you go to bed tonight, I want you to take a sheet of paper. And the top of the sheet of paper, write the word 'Goals', and then write today's date. Then I want you to write down 10 goals. Write down 10 goals that you'd like to accomplish in the next year. You can write more than 10, if you'd like, but you write at least 10.

This is the only real exercise I'm going to give you.

And if you do this, it will change your life.

Write down a list of 10 goals. So I want you to promise me that before you go to bed tonight, you'll make a list of 10 goals. Promise me, say yes. Now even if your lying, say yes.

I gave this exercise to a seminar of five hundred women at a convention some years ago. Two months later I met a woman who admitted that seminar. And they were sharing rooms in the hotel. She was sharing a room with another woman. They had come from different parts of the country, and they're sharing a room to keep expenses down.

She said, "My whole life has changed since I wrote my 10 goals." She said, "It's wonderful. I have accomplished half of the goals. I'm making twice as much money." She said, "My life is transformed." She said, "But let me tell you a story."

She said, "When I got back to my room that night with my roommate. And we all said yes, I'll write down 10 goals. I immediately got out a piece of paper and I began to write my goals. And my roommate said, 'What are you doing?' I said, 'Well I promised Brian I would write down 10 goals, so I'm writing down my 10 goals.' She said 'That's just silly, that doesn't work, that's just something he says in conventions.'"

She said, "Oh, no." She said, "I promised to write down my 10 goals." She said, "Oh, don't waste your time." She said, "No. I said, I'd do it, and I'm going to do it." So, she wrote down the 10 goals.

Well, the unfortunate part of this story is this. Is the woman who didn't write down the 10 goals had left the business and gone back to working as a waitress in a cafe. The woman who wrote down her 10 goals had transformed her life and doubled her income in 2 months.

So, once you've written down your 10 goals, there's one more part of the exercise. I want you to look at your list of goals and I want you to ask this question.

Which one goal on this list if I could achieve it within 24 hours would have the biggest positive impact or effect on my life? Which one goal?

And you read through your list of goals and you pick the one goal that if you could achieve that would have the greatest impact on your life. Then you take that goals and you write it at the top of a new piece of paper. And then you set a deadline. And then you make a list of everything you can think of to achieve that goal. And then you organize the list by priority and sequence. And then you take action on that goal and you do something everyday.

If you'll follow this formula that I've just given you, write down 10 goals, select the most important goal. Make a plan to achieve that most important goal and do something everyday. My promise to you is in a week, a month, a year from now, your whole life will be different. You will never be the same.

This changed my life. It's changed the life of every person who has ever practiced it. As long as you don't make an excuse not to write down your 10 goals before you go to bed. Because I'm coming over to your house tonight to check.

SUCCESS LINE

All great success in life is precede by
long, sustained periods of focused effort
on a single goal.

A goal that is not achieved is merely a problem
that has not yet been solved.

CHAPTER 13

Decide to be excellent

Now the last orientation I want to share with you is excellence-orientation. Excellence-orientation means that you must commit to excellence to be successful.

You must decide that whatever you do for a living you're going to be the best at what you do.

Now when I talk about 'Be the best' or 'Commit to excellence', I mean commit to getting into the top 10 percent in your business, the top 10 percent in terms of income. Now you can find out how much the top 10 percent of people make. And remember you're already in the top 10 percent in terms of your thinking, and that's what's most important. So decide to commit to excellence and getting into the top 10 percent.

This was a major problem for me. When I was growing up, I failed in school, I failed in sports, I had no friends. I got fired from jobs more times than I can count. And so the idea of 'excellence' was a too big of an idea for me. I didn't believe that I was good enough to be good, that I was good enough to be excellent at anything. And so I would always hold myself back and I always had an excuse not to try.

And then I learned something that changed my life. I learned that everybody who's in the top 10 percent started in the bottom 10 percent. Everybody who is doing well today was once doing poorly. Everybody who is at the top of your field was once not even in your field or business at all. And anything that anyone else is done, you can do it as well. When I learned that, it changed my life. What I learned was that if you decide to be excellent, you can become excellent. As long as you don't quit, as long as you don't give up.

So, here's how you change your life and change you future. Ask yourself of all the skills that I need to be successful, what one skill will help me the most? What one skill if I did it in an excellent way will help me the most to get into the top 10 percent? What one skill if you developed and did it would help you to double your income more than any other skill?

And whatever that is, write it down as a goal. And set a deadline to become excellent in that area. And make a list of all the things that you can do to achieve the goal. And then organize the list into a plan, and then take action on your plan. And then do something everyday until you become excellent in that area.

Ask yourself what skills would help you the most

Remember, nobody's better than you, nobody's smarter than you. If somebody else is excellent in that area, you can become excellent in that area as well.

Yeh, let me tell you two things that are very important. Can anybody here drive a car by the way? Can you ride a bicycle? Can you use a computer or cellular phone? Okay. If you can do any of those things, you can learn any business skill.

Business skills are not like athletics where you have to have special ability or music where you have to have special talent. Business skills are learnable skills.

> **All business skills are learnable by anyone.**

Anyone can learn to ride a bicycle. Anyone can learn to drive a car. Anyone can learn any business skill. All business skills are learnable. And nobody is better than you, and nobody's smarter than you.

Now, here is the second point. You could be only one skill away from doubling your income. You could be only one skill away from doubling your income. And you probably know what that skill is. You probably know what it is. So ask yourself this question what one skill, if I was really good at it would help me the most to double my income.

Seven parts of the sales process

Now, since we are all entrepreneurs that means we are all in the business of sales. We are all in sales everyday. We sell ourselves. We sell our ideas. We try to influence other people. Anybody who says that, "I'm not in sales," just does not understand everyone is in sales.

How many people here have children? Have you ever tried to make you children go to bed at night? Yes. Does that require sales? That requires tremendous persuasion skills to get your children to go to bed. Anyway I have four children on my own, so I know.

So there are 7 parts of the sales process.

These 7 parts largely determine everything that happens to your own life.

So give yourself a grade of one to ten on the 7 key result areas of selling.

Number one is prospecting. If you're in sales and you talk to a lot of people, if you try more things and you're good at prospecting, you're going to be a big success. Because the probabilities are that you're going to make a lot of sales you're going to recruit a lot of people, you're going to have a successful business. So that's number one. Give yourself a grade of one to ten. One being the lowest, ten being the highest. Ten means that you're absolutely excellent at prospecting. And one means that you have a lot of work to do.

Number two is establishing friendship and trust with other people. Remember people are emotional. People will only listen to you if they like you and they feel positive towards you. And the more you like yourself, the more other people will like you. So give yourself a scale of one to ten. You have the kind of personality where you like everybody you meet and everybody likes you.

Number three is identifying their needs. By asking them questions and finding it out what it is they want to accomplish with their life. What is it that they really want? What are their goals? What are their hopes and dreams with regard to what you sell? Once you're clear about what it is they need, it's much easier for you to show them your product or service.

Number four is presenting. And this is where most sales are made is when you make the presentation. When you show the person that what you're offering them, you'll satisfy their needs better than anything else that they could look at. So all of good selling is to find out what people need. And show them that your product or service will help them to get it.

Number five is answering questions or objections. Every prospective customer has objections. And you have to learn how to answer those objections. So give yourself a scale of one to ten. At a ten, you're very good at answering questions. With a one, you're not very good at all.

Number six is closing the sale or getting people to take action. Many people think that all they do is have a conversation with another person about the business, that's the same as selling. No! you're only selling, when you can get the other person to make a commitment to take action. Remember that commitment to action is the end of all your activities. That is your goal is to get other people to take action.

And finally number seven is to give that person good service and good support so they not only buy more of your product, but they recommend other people to the business. They recommend other people to your product or service. So write a scale of one to ten, give yourself a grade and ask yourself, "What is your weakest skill?" Because this is what we learned is your weakest key skill sets the height of your income. Your weakest key skill in your business determines how much you earn.

SUCCESS LINE

Trust is the glue that holds all relationships together.

Successful people think differently
from unsuccessful people.

It is only when you are doing the one thing
that is most important, and you are doing it
quickly and well, that you will be able to
shoot ahead in your career.

CHAPTER 14

Identify your weakest skill, and work on it

Let me ask you a quick question. If a group of children are going for a walk, which child sets the speed of the entire group of children? Well, the answer is it's always the slowest child. Their whole group has to slow down for the slowest child.

In your career, your weakest skill is your slowest child. Your weakest skill sets the speed at which you achieve all your other goals. So what you do is you say the one skill that will help me the most is my weakest skill. Because I bring that skill up, it'll help me to speed up toward my goal more than anything else. Now, if you start off and you identify your weakest skill, and you work on it for a week, for a month, for a year, eventually you'll master that skill.

Then what do you do? What is your next step? But, your next step is you now say,

What is my weakest skill?

And you go to work on that skill. And for the rest of your career, you dedicate yourself to improving in one key area at a time.

And it's always the one area that will help you more than any other area. For the rest of your life, you keep bringing up your weakest skill. And that will move you ahead faster in your life than any other strategy that you can use.

In our society, success only comes from being excellent at doing the most important parts of your job. And you could be one skill away from doubling your income.

The most important orientation is action-orientation

The final orientation is action-orientation. As I said it at the beginning and I said it in the middle and I now said it at the end. The most important orientation of all is action-orientation.

You see the more action you take, the more energy you have. The more action you take, the more experience you get. The more experience you get, the more you learn. The more you learn, the better you get. The better you get, the better results you get from every action. So soon you get onto an upward spiral in your life. You try more things, you persist longer, you keep going, you never give up, you keep working toward goals and your life starts going faster and faster and faster.

Let me just finish up by saying this. Right at the beginning I said that South Korea is now entering into the greatest time in all of human history. There are more opportunities and possibilities for you now and tomorrow and next year than have ever existed in all of history. Everybody in this room can become financially independent if they really want to. If you set it as a goal and you make a plan and you work on it everyday and you never give up.

Thank you very much.

SUCCESS LINE

It is not what you say, or wish, or hope, or intend that counts. It is only what you do.

Winning by a nose can make an enormous difference to your career.

The more things you do and try, and the faster you do and try them, the more energy and enthusiasm you will have and the more you will achieve.

SUPPLEMENT

EXERCISE

· Personal Power

PRACTICE

· Your Goals

· Ask the Right Questions

· Focus on Results

How you think and feel about yourself determines your levels of personal power and energy more than any other factor. When you change your thinking, you change your life. In this exercise, you are going to learn how to think the way the most positive, happy, energetic and successful people in our society think.

1. Count your blessings! Make a list of ten things in your life for which you are grateful.

1) ....

2) ....

3) ....

4) ....

5) ....

6) ....

7) ....

8) ....

9) ....

10) ....

The more you think about these things, the more positive and powerful you will be.

2. Build your self-esteem. Make a list of all the good qualities you have developed(Ask others!).

a) ....

b) ....

c) ....

d) ....

e) ....

f) ....

g) ....

3. Talk to yourself positively all the time. Feed your mind with positive affirmations.

a) "I like myself!"

b) "I can do it!"

c) "I feel terrific!"

4. Develop clarity regarding your ideals, hopes, dreams and goals. What do you believe in more than anything else?

a) ....

b) ....

c) ....

d) ....

e) ....

f) ....

g) ....

5. Identify your greatest strengths, talents and abilities. Think about how good you really are.

a) ....

b) ....

c) ....

d) ....

e) ....

6. Feed your mind continually with positive mental food. List some books and audio programs you are going to read and listen to.

Books	**Audio Programs**
1)	1) ....
2)	2) ....
3)	3) ....
4)	4) ....
5)	5) ....

7. Go on a mental diet. Limit, restrict, eliminate negative sources of information. What three negative elements can you remove from your life.

a) ....

b) ....

c) ....

8. Look for the good in every situation. What can you find that is good in each problem you are currently dealing with?

Problem	Something Good
1)	1) ....
2)	2) ....
3)	3) ....
4)	4) ....
5)	5) ....

9. Look for the valuable lesson in every setback. What lessons are contained in your biggest problems?

Problem	Lesson
a)	a) ....
b)	b) ....
c)	c) ....

10. What is the valuable lesson, advantage or benefit contained in your biggest problem in life right now?

11. Eliminate worry with the "Worry Buster"

   a) Define the wrong situation clearly. What exactly are you worrying about?

   b) What is the worst possible thing that can happen in this situation?

   c) Resolve to accept the worst, should it occur.

   d) Begin immediately to improve upon the worst. What can you do right now to make sure the worst thing doesn't happen?

   1) ....
   2) ....
   3) ....
   4) ....
   5) ....

12. Make a list of your three most important goals in life right now.

   a) ....
   b) ....
   c) ....

13. What one action are you going to take immediately as a result of what you have learned in this exercise?

• Your Goals - Review Regularly and Visualize Continually

It is important that you systematically set your goals and discipline yourself to writing them down each day. Brian Tracy suggests several tools that you can use to most effectively create and update your goals. He then discusses the power that lies in your ability to constantly visualize your goals. He lists the four parts of visualization that you can learn and practice to ensure that you use this awesome power to its best advantage: frequency, duration, vividness, and intensity.

1. If you haven't already done so, write down 10~15 goals that you would like to achieve in the foreseeable future.

2. Create a set of 3×5 index cards with your goals written out in the positive, personal, present tense. Carry these with you wherever you go.

3. Each night before you go to sleep, visualize and imagine your goals as they would be when you have achieved them.

4. Think of three things you could do to achieve each of your goals. Always think in terms of specific actions you could take.

5. Discipline yourself to rewrite your goals everyday, without reviewing your previous list, until you become absolutely convinced that achieving your goals is inevitable.

6. Project forward and imagine that your life were perfect in every respect. What would it look like? Whatever your answer, imagine this picture regularly.

7. Cut out pictures of the things you would like to have and the person you would like to be in the future. Look at these pictures and think about what you could do to turn them into reality.

8. Practice mental rehearsal before every event of importance. See yourself in your mind's eye as performing at your very best in everything you do or attempt.

9. Continually feed your mind with clear, exciting, emotional pictures. Remember, your imagination is your preview of life's coming attractions.

10. Design your own dream house, dream business, or dream career. Write down every ingredient it would have if it were perfect in every respect. Visualize this as a reality every day.

• Ask the Right Questions

You should approach each job or assignment as if your career and your future depended on it. The bigger and more important the task, the more seriously you should approach it in the first place. Ask the right questions:

What am I trying to do?

....

....

How am I trying to do it?

....

....

Could there be a better way?

....

....

Start off by thinking about your situation today, where you want to be in the future and the very best way that you can get there.

• Focus on Results

Leaders are results-oriented rather than activities-oriented. Just doing something is worthless if what you're doing doesn't lead to a valuable result. Leaders are always thinking in terms of the results that are expected of them.

Getting results depends on asking yourself four questions over and over again:

1. What are my high-value activities?

....

....

What are the things you do that contribute the greatest value to your work and your organization? These are the activities on which you should be focusing.

2. What are my key result areas?

....

....

There are seldom more than five to seven key result areas for any position in an organization. These are the areas where you absolutely have to get excellent results to fulfill your responsibilities. Once you've identified your key result areas, you have to set the highest standards of performance and meet those standards: Remember that others are watching you.

3. What can I (and only I) do that, if done well, will make a real difference to my company?

....

....

You have responsibilities and tasks that you and only you must do; if you don't do them, they don't get done.

4. What is the most valuable use of my time?

....

....

This is the key question. There are tasks that only you can get done, but too many leaders are not fulfilling their responsibilities because they have been pulled into other responsibilities and tasks that they should not be covering. The best leaders know what they are being paid for and what they are not being paid to do.

브라이언 트레이시 코리아

리더십 세미나

최고의 성과, 진정한 성공을 원하십니까?
브라이언 트레이시 코리아가
그 해답을 드립니다.

브라이언 트레이시 코리아는 동기부여, 리더십,
세일즈 등의 분야에서 세계적으로 인정받고 있는
브라이언 트레이시 인터내셔널의 한국 독점
파트너로서 고객의 성공과 행복을 돕기 위해
현실적이고 성과지향적인 리더십 교육프로그램을
제공하고 있습니다.

정규과정

1. BT Strategic Leadership (리더십, 22H)
2. BT Perform at Your Best (성과향상, 23H)
3. BT Goals (목표/동기부여, 14H)
4. BT Managing Your Time (CEO 시간관리, 14H)
5. BT Eat that frog! (시간관리 / 동기부여, 13H)

특강

1. BT Strategic Leadership (리더십, 1.5H)
2. BT Perform at Your Best (성과향상, 1.5H)
3. BT Managing Your Time (CEO 시간관리, 1.5H)

BT 리더십 과정 추천

· 직장 및 개인생활에서 리더십이 필요하신 분
· 성취 동기부여와 명확한 목표달성을 원하시는 분
· 인생의 진정한 행복을 찾고 원하시는 분
· 긍정적인 사고와 혁신을 통해 자기변화를 추구하시는 분
· 각 분야의 CEO 및 임원
· 각계 전문분야의 대표(의사, 변호사, 회계사 등)
· 지역 단체장 및 기관장
· 임직원의 동기부여를 통해 회사의 성과 극대화를 추구하는 기업

(주)브라이언 트레이시 코리아
서울시 강남구 역삼동 682 남전빌딩 9층 T. 02)538-7702 F. 070-4205-2928

Brian Tracy  Korea Inc.

세일즈 세미나

세계에서 가장 인기있는 세일즈 트레이닝 프로그램은?
25개 언어로 번역되었고, 50여개 국가에서 운영되고 있는 <브라이언 트레이시
세일즈 세미나>입니다. 세계적으로 검증된 체계적이고 과학적인 세일즈 교육은
<브라이언 트레이시 세일즈 세미나> 뿐 입니다!

Brian Tracy Sales Seminar는 어떤 책이나 자료보다 더 크게 판매를 늘리는데 도
움을 줄 것입니다. 왜냐하면 **BT 세일즈 세미나**는 30년 이상에 걸쳐 고객들과 직접 대
면하면서 상품과 서비스를 판매한 경험에 기초하고 있기 때문입니다.
이 세일즈 프로그램 하나하나는 모조리 가혹한 실제 판매 현장에서 시험을 받고 검
증된 것입니다. 온갖 다양한 분야에서 일하는 셀 수 없이 많은 세일즈맨들이 이 **BT
세일즈 세미나**에 담긴 아이디어, 방법, 기법을 사용함으로써 자신이 속한 조직에서
최고가 되었습니다.

정규과정	1. BT Superior Selling Skills (세일즈, 23H) 2. BT Superior Sales Management (세일즈 코칭, 26H) 3. BTK Social Sales Marketing (SNS세일즈/마케팅, 14H)

특강	1. BT Superior Selling Skills (세일즈, 1.5H) 2. BT Superior Sales Management (세일즈 코칭, 1.6H)

BT 세일즈 과정 추천

- 프로세일즈맨으로 크게 성공하고 싶은 세일즈맨
- 영업에 대한 체계적인 교육을 원하는 세일즈맨
- 영업현장에서 적용 가능한 실전적인 세일즈 스킬을 원하는 세일즈맨
- 세일즈 경험과 능력을 교육을 통해 보완하고 향상시키길
  원하는 세일즈맨
- 체계적이고 검증된 세일즈 교육 프로그램을 원하는 영업조직
- 전략적인 세일즈로 판매 극대화를 추구하는 기업

■ **기업교육 & 강사섭외 문의** | www.**b**riantracykorea.com / 1588-2928
■ **강의, 오디오CD, 책 온라인판매** | www.talkconcert.net / 1588-2928

브라이언 트레이시 Book 시리즈

괜찮아, 좌절하고 방황해도 포기하지 않는다면

삶에서 미리 배워야 할 것들을, 여행이 가르쳐 주는
모든 것을 나는 사막에서 배웠다.

밴쿠버에서 사하라 사막까지 목적지만 2만 7천 킬로미터,
그곳에 도달하려고 고군분투한 세 젊은이의 리얼 모험기

브라이언 트레이시 지음 | 이성엽 옮김 | 김동수 감수 | 값 13,800원

잠들어 있는 성공시스템을 깨워라 (양장본)

잠재의식 속 성공시스템을 이해하고 풀가동하라 !
성공을 꿈꾸는 사람들의 '완역본' 교과서가 드디어 출간되다.

책에서 제시하는 마음의 법칙에 따라 그들이 한 방식대로 따라만 한
다면 우리도 삶에서 일어나는 놀라운 변화와 행복을 만끽할 수 있을
것이다.

브라이언 트레이시 지음 | 홍성화 옮김 | 김동수 감수 | 값 22,000원

잠들어 있는 시간을 깨워리

목표를 성취하기 위해서는 자신의 시간을 완벽하게 지배하라 !

저자의 알짜배기 시간관리 비법이 오롯이 담겨 있다. 그저 이론적인
내용이 아닌 저자가 시행착오를 겪으며 깨달은 실질적인 내용들이 가
득하기에 책에서 알려준 대로 실천한다면 당신도 삶에서 위대한 성공
을 이룰 수 있다.

브라이언 트레이시 지음 | 이성엽 옮김 | 김동수 감수 | 값 14,800원

CD 및 책 문의 (주)코난미디어 02) 597-2588 📱 010-2274-0511

도시 속 컬러를 읽다 COLOR DESIGN BOOK

'도시 속 컬러를 읽다 COLOR DESIGN BOOK'에서는 도시 속 Sign Design을 통하여 보다 쉽게 '색'이란 요소를 이해할 수 있도록 도와준다. 색상환이나 배열표 등을 통한 기초적인 지식뿐만 아니라 감각적이고 세련된 도시 속 Sign Design 이미지를 통하여 실용적인 감각을 익힐 수 있다. 홍콩, 파리, 리스본, 뉴욕, 마드리드, 상하이, 밀라노 등 세계 유명 도시 속 Sign Design을 통하여 색의 기초부터 세계의 도시 속에서 사용된 색의 조화 및 배색을 배워 볼 수 있다.

박명환 지음 | 400쪽 | 27,000원

TIMES SQUARE 타임스퀘어 낮과 밤
타임스퀘어 속 디자인을 읽다

세계의 교차로라 불리는 뉴욕 '타임스퀘어' 공간의 다양한 사인과 디자인을 담은 비주얼 책이다. 『타임스퀘어, 낮과 밤』은 뉴욕의 스틸 컷과 타임스퀘어의 다양한 랜드스케이프는 물론 방대한 타임스퀘어내의 사인을 재질, 제작방식, 형태 등으로 분류하고 이곳의 사인들을 낮과 밤이라는 대칭적 컷의 뷰(view)로 보여주고 있다. 이를 통해 우리에게 늘 익숙하지만 자세하게 보지 못했던 타임스퀘어의 광고와 브랜드는 물론, 동시대의 디자인과 트렌드를 속속들이 들여다 볼 수 있다.

박명환 지음 | 319쪽 | 33,000원

디자인뮤제오 www.designmuseo.co.kr
서울시 마포구 상수동 342-6 2층 T.02) 334-0940 / F.02) 334-0941

초판 인쇄 ︱ 2014년 4월 1일 초판
초판 발행 ︱ 2014년 4월 30일 초판 1쇄 발행

지은이 ︱ 브라이언 트레이시
옮긴이 ︱ 조환성
감 수 ︱ 박 석
발행인 ︱ 박명환
펴낸곳 ︱ 비즈토크북

주 소 ︱ 서울시 마포구 상수동 341-6, 2층
전 화 ︱ 02) 334-0940
팩 스 ︱ 02) 334-0941
홈페이지 ︱ www.vtbook.co.kr
출판등록 ︱ 2008년 4월 11일 제 313-2008-69호

편집장 ︱ 경은하
마케팅 ︱ 윤병인 (010-2274-0511)
디자인 ︱ 이미지웍스 02) 3474-8192
제 작 ︱ (주)현문

ISBN 979-11-85702-00-1 13190

비즈토크북은 **디자인뮤제오**의 출판브랜드입니다.

이 세상에서
가장 중요한 사람은
바로 당신입니다

행복과 성공의
밑거름이 되는 강력한 말
"나는 내가 좋다!"